国有资本运营机制研究

Research on Operational Mechanism of State-owned Capital

邓　靖　罗秀英◎编著

中国纺织出版社

图书在版编目（CIP）数据

国有资本运营机制研究 / 邓靖，罗秀英编著 . -- 北京：中国纺织出版社，2019.3

ISBN 978-7-5180-3102-3

Ⅰ . ①国… Ⅱ . ①邓… ②罗… Ⅲ . ①国有资产运营－研究－中国 Ⅳ . ① F123.7

中国版本图书馆 CIP 数据核字（2016）第 277675 号

责任编辑：汤　浩　　　　责任印制：储志伟

中国纺织出版社出版发行

地　址：北京市朝阳区百子湾东里 A407 号楼　邮政编码：100124

邮购电话：010-67004461　　传真：010-87155801

http://www.c-textilep.com

E-mail:faxing@c-textilep.com

三河市宏盛印务有限公司印刷　各地新华书店经销

2019 年 3 月第 1 版第 1 次印刷

开　本：185×260　1/16　印张：9.25

字　数：181 千字　　定价：62.00 元

目 录

第一章 绪 论

第一节 选题背景及研究意义

国有企业改革是我国经济体制改革的重要内容。自党的十一届三中全会揭开了经济体制改革的序幕后，我国国有企业及其管理体制经历了多次变革，国有企业不断发展壮大，对国民经济的控制力不断增强。在国有企业为国民经济和社会发 展作出巨大贡献的同时也伴随着新问题的产生，进一步改革国有经济管理体制，完善国有资产管理形式成为迫切需要研究的问题。

一、选题的背景

公有制为主体、多种所有制经济共同发展的基本经济制度，是中国特色社会主义制度的重要支柱，也是社会主义市场经济体制的根基。中华人民共和国成立以来，作为公有制的具体实现形式，国有企业一直是我国国民经济的重要支柱，是全面建设小康社会的重要力量，也是共产党执政兴国的重要经济基础。改革开放以来，我国经济管理体制进行了一系列的改革，国有企业改革始终是整个经济体制改革的中心内容和关键环节，其主要思路一是创造企业充分竞争的外部环境，二是寻求适合我国的企业内部治理结构，三是规范政府与企业之间的相互关系。总结起来，国有企业改革大致经历了五个阶段。

第一阶段的改革于 1979 年开始，改革的主要方式是对国有企业进行放权让利，于 1983 年和 1984 年分两步实行利改税来规范国家与企业之间的关系。第二阶段的改革大致始于 1984 年，改革的主要方式是初步实行政企分开和“两权分离”（所有权与经营权），进一步明确企业利益主体地位。这一阶段，国有企业承包经营责任制、租赁经营责任制等多种经营方式大范围涌现。第三阶段的改革大致始于 1986 年，这一阶段开始触及企业产权制度改革。1986 年，全国范围内出现了国有企业拍卖、转让等现象。1987 年下半年，企业之间出现了合并以及兼并等现象。这表明企业产权转移在我国已经出现。1988 年，为有效管理国有资产所有权，各级国有资产专职管理部门陆续设立。第四阶段始于 1992 年党的十四届三中全会，改革的主要方式是国有企业制度创新和结构调整。这一阶段，国有大中型企业开始了建立现代企业制度的试点，国有中小型企业采取了兼并、租赁、改组、联合、出售和股份制等形式进行改革。第五阶段始于 2002 年党的十六大的召开，这一阶段的主要方式是进行国有资产管理体制改革。中央和地方各级国资监管机构陆续组建，国企改革与国有资产监管概括起来为“三分开、三统一、三结合”，即政企分开，政资分开，所有权与经营权分开；责任、权利与义务相统一；管人、管事和管资产相结合。

2003年，国务院国资委成立，以中央企业为代表的国有企业的发展取得了良好的业绩。一是各项经济指标均大幅增长。资产总额由2003年的8.32亿增加至2011年的27.97万亿。净资产由2003年的3.60亿增加至2011年的10.70万亿。营业收入由2003年的4.47万亿大幅增长至2011年的20.24万亿。实现利润由2003年的3006亿增加至2011年的1.24万亿。央企数量由2003年的196家减少至2012年的117家（祝和良，2013）。二是央企公司治理机构不断完善。董事会试点、绩效考核、市场化聘用高管等方面也取得重要进展。

我国国有企业管理体制的不断改革和国有企业的不断发展壮大，为主导我国经济发展、提供财政收入、解决就业等经济社会发展作出了巨大贡献，不断地完善了我国社会主义基本经济制度，为巩固社会主义制度、推进经济发展和社会发展发挥了举足轻重的作用。但与此同时，国有企业现行管理体制和国有企业运营导致的问题逐渐暴露。对国有企业的管理目前存在的主要问题主要包括三个方面。首先，在管理体制上，政府部门（国有资产监管部门）直接持有国有企业的股份，作为国有企业的股东参与市场活动，极易导致政企不分、政资不分。在国内，易导致国有企业与非国有企业之间的不公平竞争。在国际上，容易引发国际上认为的国家操纵和政府补贴行为，将国有企业的经营行为误解为国家行为，导致国有资本在国际竞争中处于不利地位。其次，政府部门（国有资产监管部门）管资产与管人、管事相结合的管理方式，对国有企业管得过细、干预过多，极易束缚国有企业活力。最后，政府部门（国有资产监管部门）既直接作为国有企业的股东，又作为国有资产的监管者，由此导致政府部门（国有资产监管部门）作为国有企业股东的情节过重，弱化政府部门作为国有资产统一监管者的职能，使政府部门作为国有资本统一监管者的职能缺位（刘纪鹏，2011）。

对国有企业管理存在的问题的直接表现是社会各界对央企的质疑和非议日渐增多。例如，央企高管在获取高薪的同时还享受政府部门相应行政级别待遇、企业控制家族化，国有企业垄断和国有资产利用效率、效益低下等问题，国有资本功能定位、战略布局、管理体制以及由此决定的收益分配等问题受到诸多质疑，由此导致少数人的福利最大化而社会整体福利受到损失、公平竞争的市场环境遭到破坏、央企内部腐败滋生、既得利益集团阻碍改革等现象时有发生。关于国有企业的各种不当言论也日渐增多（刘国光主编，2011）：例如"国有企业垄断论"，认为国有企业绩效的提高主要来源于其垄断地位；"国有企业腐败论"，认为国有企业的存在是中国滋生腐败的根源；"国进民退论"，认为国有企业的发展导致垄断，是改革的倒退；"国有企业低效论"、"国有经济退出竞争领域论"、"国有企业产权不清晰论"、"全民均分国有资产论"、"国有企业与民争利论"等。这些问题为国有企业管理体制的改革，为国有资产的管理从管企业到管资本提出了迫切的需求。

此外，国有企业经营所处的社会、经济、法制等外部环境也发生了深刻的变化，企业所处的外部环境竞争日益充分，为国有资产的管理从管企业到管资本提供了市场基础。首先，委托－代理理论的研究为国有资本的委托经营提供了较为成熟的解决方案。其次，我国已经形成了较为完善的劳动、资本、土地等生产要素和商品市场，专业性经营人才市场、劳动力市场日渐完善，资产的定价机制日益科学，资本市场日益壮大，为国有资本运营提供了广阔的市场空间。最后，我国市场经济运行的法制环境日益成熟，为各类企业主体公平竞争提供了较为良好的社会、经济和法制等环境。

建立与社会主义市场经济相适应的国有经济管理体制，解决国有经济发展过程中存在的社会、经济问题成为重要的研究课题。因此，选择以“国有资本运营机制”为博士论文选题进行研究，在分析资产与资本关系的前提下，提出来国有经济从管资产向管资本转变，为国有资产的管理提供新的思路与方式。

二、选题的理论和实践意义

本选题具有较为重要的理论和实践意义。理论上，本选题将为进一步完善中国特色社会主义理论体系作出贡献。课题研究将准确界定国有资本的概念和内涵，明确国有资本的资本属性，以及政府作为国有资本所有者代表之间的关系。

选题将为进一步深化国有企业管理体制改革提供理论依据，为坚持公有制主体地位以及发挥国有经济的主导作用提供理论参考。实践上，选题研究将为组建国有资本运营公司提供依据和参考，为国有经济管理从资产管理向资本管理转变提供思路，有利于更好地发挥国有资本在国民经济发展中的控制力和影响力，为政府代表国家行使国有资本的所有权提供参考和依据。

第二节 相关研究与文献综述

国有资本的概念与国有企业密切相关，但又有所区别。国有资本即国家所拥有的资本，与私人资本相对应。国有资本拥有资本的共性，即逐利性。国有资本运营即政府或其授权及委托的机构，对其可以支配的资本进行以营利为目标的配置和动态调整的一整套管理与运作的过程。从国有资本的整体看，国有资本运营的主要目标是以资本运营方式实现国家政治、经济或社会等目标的一种手段。国有企业不同于国有资本，是指政府直接投资、管理和经营的企业。国有企业在世界各国普遍存在。国有企业与国有资本既存在联系，又有本质区别。

基于国内与国外国有企业或资本的形成方式、背景和目的不同，国内外有关国有资本或国有企业研究侧重点也略有差异。我国的国有企业形成于以革命的方式建立政权的过程中，其指导思想为马克思主义，来源主要包括没收官僚资产阶级财政、赎买民族工业资产以及国家投资兴建三个方面（胡培兆，1999）。西方的国有企业是在市场经济极为发达的背景下形成的，其目的主要是调节经济的运行，以国有企业的形式提供公共服务、弥补市场经济运行的诸多缺陷，方式是对私人资本的国有化。

一、国外主要研究现状

第二次世界大战以后，西方发达国家经历了几次国有化浪潮。20 世纪 80 年代，各国国有企业在经济中的比重达到峰值，国有企业在国内生产总值和投资总额中所占比重平均分别为 10% 和 20% 左右（王学东，2001）。由于各国的国情和政治体制的差异，各个发达国家在确定其国有资本运营方式时均采取了较为独立的体系，这些体系也处在不断的发展完善之中。这些体系共同的特点是较好地解决了国家与企业、国家与资本、企业的经营权与所有权、政府与企业的委托－代理等问题、国有企业与政府之间以及国有企业与市场之间的关系等问题，因而使得国有企业具有较高的效率和良好的收益，为我国带来了参考。

英国国有企业主要包括国有股份公司、国有企业以及国有公司三种基本类型。这三种不同类型的企业具有不同的特点。国有股份公司主要以股份公司的形式存在，国家只占有股份公司的部分股份，其运营和法律地位与私营企业基本类似。国有企业完全由政府控制，在经济上不具有独立性。政府主要通过控制预算、任命董事会成员和直接管理等方式进行控制（唐成，2005）。这类企业主要包括军舰造船厂、兵工厂等。国有公司则具有相对独立性，由议会通过专门的法律设立，其法律地位与一般企业不同。

法国的国有企业数量较多，1990 年法国国有企业年产值、投资额和出口额分别占国内生产总值的 18%、全国总投资的 27.5%、出口总额的 25%，主要集中在能源、交通、通信、原材料、银行和保险等部门（黄少安，2000）。在国有资产组织形式上，法国国有企业主要采取股份制的方式。法国国有企业可分为垄断性国企和竞争性国企两类，前者主要集中于能源、交通、邮电通讯等基础设施和基础产业部门，后者大部分分布在工业、建筑业、商业和服务性行业。大部分国有企业是国有资本和私人资本相互参股的混合公司。在国有资本管理和运营方面，法国实行“双层次 + 分类 + 合同”管理（唐成，2005）。在资本运营的监督上实行多层次的监督管理，监管部门包括主管部门的人事监督、财政部门的财务状况监督、审计部门的业绩评价，议会的综合性政策监督。

瑞典的国有企业经营领域广泛，2001 年约占全部企业产值的 25%，占国内生产总值的比重约为 7%（周天勇，2003）。瑞典的国有企业分为三类：一类是非独立型企业，从属于政府部门管理；另一类是公益性企业，如铁路、电讯等，在经济上独立，但由政府统筹统支并列入国家预算；还有一类为国家全资、国家控股或参股的非公益性企业，按瑞典《公司法》组建。

美国一贯遵循自由经济原则，政府不对企业实行直接干预。因而美国的国有企业在国民经济中的比重非常低，在整体工业领域不足 1%。但在基础设施、公用事业、科学技术研究等方面，如电力、铁路等部门，国有企业比重较高，达到 25% 左右；在尖端科学技术领域，美国政府投资甚至超过 80%（刘玉平，2008）。美国国有企业分别由联邦政府和地方政府管理和运营。联邦政府国有企业在军工领域占有优势，地方国有企业则主要投资于基础设施等领域。国有企业的组织形式主要包括四种：一是完全政府拥有和经营；二是政府将国有企业租赁或承包给私人企业，私人企业按政府要求提供产品；三是政府和私人共同持股，完全市场化运营，按股份比例参与企业管理和获得利润；四是国有民营。美国国有企业以国会立法为核心进行监督。国有企业或公司的设立目的、董事会构成、经营范围与方式必须由国会通过法律进行规定。这种方式保护了公司独立法人地位，避免了政府过多干预。

意大利国有企业主要包括两类：一类是完全属于国家而且由政府经营的企业，如关系到国计民生的铁路、邮电、公共交通、电力等部门；另一类是由国家控股的“国家参与制”企业，按照市场法则运营，这类企业是意大利国有企业的主体（周天勇，2003）。国家控股公司根据经营范围又可划分为跨行业跨部门的综合型国家控股公司和某一特定行业范围内的专业性国家控股公司。

新加坡国有企业主要形成于 20 世纪 60 ～ 80 年代，由政府直接或间接投资形成。新加坡国有企业分布范围广泛，既包括公共住房、机场、电力以及道路等基础设施在内的行业，也包括制造、通信、金融以及贸易等各行各业。新加坡国有企业可分为三种类型：一是政府经营企业，属于政府主管部门。二是政府控股公司，由财政部出资，政府拥有全部或部分股权，企业实行完全市场化运营。政府通过任命董事会成员和总经理对其进行控制。典型代表如淡马锡公司。三是国联公司，由一家或多家政府控股公司共同投资参股，按照市场运行。新加坡国有企业取得了良好的经营效果，如淡马锡公司直接投资的公司有 52 家，其中本土公司 37 家，海外公司 15 家，这些公司又通过投资、参股掌握有500多家公司的股权，经营范围涉及金融、石油、运输、贸易、地产、建筑、娱乐、咨询等多个行业（王学东，2001）。

二、国内主要研究现状

就如何建立提高国有企业的经营效率，实现国有企业与非国有企业公平竞争的市场环境，我国学者主要从两个大的方面进行研究。一方面，从企业内部进行，即如何通过在国有企业建立现代企业制度，来减少国有企业的代理成本、防止内部人控制和防止国有资产流失等问题的发生。另一方面，完善国有企业经营的外部环境，即从提出改革或完善我国国有企业或国有资产的管理体制和运营模式等角度来提高国有企业经营效率。

我国学者对于国有企业效率根源的探讨集中于国有企业的产权安全及由此产生的委托一代理问题，认为企业的产权和产权结构成为直接影响企业效率的重要因素。我国学者基于不同时期数据样本的实证研究发现，国有产权对生产效率具有显著负影响、国有企业在各类所有制企业中生产效率最低（Zheng Jinghai，Xiaoxuan Liu，etc. 1998；姚洋，1998；刘小玄，2000；吴延兵，2011）。对于国有企业效率低下的原因，理论上通常认为其根源是国家所有产权制下所引发的委托一代理问题（Zhang Weiying，1997）或政策性负担（Lin Justin Y. F. ，Fang Cai and Zhou Li，1998）。平新乔、范瑛等（2003）经实证研究发现，现有体制下国有企业代理成本较高，相当于60%～70%的利润潜力，代理成本使企业效率只达到了30%～40%，其根本原因是国有企业信息不灵、沟通渠道不畅。因此，必须努力降低契约的信息成本，实现财产所有权和控制权的分离，以此作为降低代理成本的手段。

我国国有企业的产权分析主要有“两权分离”、“委托代理”和“法定产权与事实产权不一致”三个框架（周其仁，2000）。杨灿明（2001）认为应从产业定位与产权结构相匹配的角度进行国有企业改革。目前我国国有企业都是公有制产权，但大量国有企业属于竞争性、营利性的行业，应采用私有制产权结构，由此导致了我国国有企业产业结构和产权结构的错位。张军扩（1994）认为应通过股权的分散化和民营化实现国有企业经营机制的根本转变。林毅夫、蔡昉（1997）等认为国有企业问题产生的根本原因是企业所处的外部环境缺乏充分竞争，而不在于产权制度。应通过竞争性市场的建立使企业的利润率能真正成为反映经营绩效的充分指标，改革应首先解除企业面临的各种政策性负担，硬化企业预算约束，其次通过竞争市场的经营绩效等充分信息对企业经营行为进行监督，在这样的前提下，逐步选取适合国企的内部治理结构。万华炜、程启智（2008）对中国混合所有制经济产权制度进行了实证分析，认为存在多方面问题：一是产权主体多元化和多层次性及其目标没有达成；二是财产组织的社会化和出资者责权有限化没有真正落实；三是按资分配或按劳分配与按资分配相结合的分配制度没有实现；四是产权交易不畅；五是公司的治理结构方面存在问题。吴延兵（2012）通过实证研究认为国有企业的公有产权属性决定了国有企业中存在着生产效率和创新效率的双重损失。

对于如何优化国有经济布局，张军扩、吕薇等（1998）分析认为国有经济布局错位并存在不良影响：1. 国有资本分散，严重损害国有企业的竞争力和国民经济整体效益；

2. 国有经济的行业分布结构和市场经济下国家应有的功能错位严重；3. 国有经济的结构型矛盾不可能通过向国有企业普遍注资的办法解决。在此基础上，他们提出了国有经济改组的基本方向：

1. 战略性改组的目标是收缩战线、集中力量、保证重点；

2. 合力确定国有经济的优先顺序；

3. 采取加快“放小”、借助资本市场改组处于竞争领域的大型国有企业、在国家必保的战略性行业和企业加强力量等战略措施。

对于国有企业的改革，学者也持不同的观点，较为主流的的观点是对国有企业的产权进行界定，由国家拥有企业所有权，实现国有企业的股份制，确立国有企业的法人地位，实现国有企业的所有权与企业法人所有权的分离。冯子标、赵旭亮（1993）认为这一观点存在不足，他们认为搞活国有经济的重点不是搞活国有资本，而是搞活国有企业，强化国有企业法人产权地位而忽略国有经济所有权并不能创造出适应于市场经济发展所要求的国有资本所有权主体。文宗瑜（1996）对国有资产保值增值的判断实现了 3 点突破：一是国有资产保值增值的说法可能误导国有企业片面注重资产的数量和规模，忽略了资产的质量和效益，可以通过市盈利率和资本增值率来反映国有资产保值增值；二是国有资本在经营方式上不一定以国营为主；三是国有资本可以越出国有企业范围与其他资本融合，从而产生国有资本的乘数效应。肖金成、苌景州（1996）对国有资产经营公司的性质、职能、组建方式及经营管理等进行了研究，认为国有资产经营公司的性质应只具有经济职能，而不应再赋予更多其他的非经济职能，应按照《公司法》的一般规定进行组建，其运营也应依据市场原则，其职能只能依据《公司法》依法进行投资控股或参股、收益分配和运用，以此保证经营公司较规范地从事经营管理活动，同时也便于政府对其进行严格监督和管理。在组建方式上，可参考纯粹的控股公司和混合的控股公司并建立现代企业制度，其经营目标是追求利润或资产增值。刘万生（1998）提出了政府一国有控股公司一控（参）股企业三层次的国有资产经营管理体制。

李稻葵、武常岐（2004）提出了国企改革的两种思路：一种是以产权学派为依据，强调企业产权结构的多样化，另一种是以管理学派为依据，强调政府对国有企业管理方式的不断改进。杨长辉、周永生等（2003）和张志元、雷颋（2004）主张通过国有控股公司来经营国有资本。郝大明（2006）通过实证分析认为，公司的类型由公司的投资主体以及公司的资本构成差异决定，这两个因素会显著影响国企改革效率。提高国有企业效率的途径，首先应使国有企业具有真正独立的市场主体地位，其次应建立有效的产权治理结构，通过引入非国有资本，降低国家资本在国有企业中的比重，从而减少政府对国有及其控制企业的干预和特殊扶持，为国有企业与非国有企业提供公平竞争的环境。刘玉平、陈颖（2008）提出建立国有控股公司是解决所有者缺位、产权主体虚置等基本问题的出路，有利于重构国有企业的产权结构。武常岐、钱婷（2011）综合这两种改革思路，提出了另外一条思路，即集团控制思路，政府应在保证对国有企业控制权的前提下，将国有企业具体经营的控制权进行划转，由善于经营管理的企业集团来经营，政府则主要加强对国有企业经营管理层的监督与激励，并通过实证研究证明集团控制会有效减轻国有企业的管理层代理问题。

三、研究文献评述

通过以上分析，可以初步得出以下结论。

首先，我国学者对于国有企业改革的探讨，更多的是从现有国有企业管理框架，即国资委—中央企业，国资委对中央企业管人、管事、管资产的管理体制和框架下进行，其核心依然是基于政府对国有企业或国有资产的管理，而且从现有情况来看，政府与企业存在千丝万缕的联系，政府对企业的干预依然较多，企业利用政府资源与市场上非国有企业在竞争上处于有利地位。政府的公共管理职能与国有企业的所有者职能依然并未分开，政府对国有企业行政命令式的管理方式依然较为普遍。

其次，在现有国有企业管理体制和框架下对国有企业改革的探讨已基本上趋于尽头，急需进行国有经济运行新模式的探讨。我国国有企业在所有权问题上基本已经明确，即国家所有，委托政府进行管理。在委托－代理问题上，相应的市场环境、国家产权制度和法制环境也日益完善。在国有企业运行的外部环境上，已经形成了竞争较为充分的社会主义市场经济环境，关于资产定价、职业经理人的薪酬已经实现市场化。这些为通过管资本来管理国有资产提供了较好的外部环境。但目前看来，政府作为国有企业的所有者代表与公共管理职能如何更好地分离仍有待进一步研究，通过对国有资本的管理逐步过渡到对国有企业的管理有助于这些问题的解决和完善。

最后，通过对国有资本的管理来代替对国有企业的管理是国有经济管理改革的大势所趋。部分学者也提出了通过管理资本来管理国有资产或国有企业，但从研究内容来看，对于国有资本、国有资产、国有企业之间的相互关系仍有待进一步明确，学者往往从管资本的角度出发，最后又落脚于对国有企业的探讨，并未完全明确国有资本运营和国有企业管理的根本区别。

因此，需要对国有资本运营相关理论问题作深入研究，如国有资本、国有资产、国有企业之间的相互关系，国有资本范畴的界定，国有资本的表现形式，国家与国有资本之间的产权代理问题，国有资本与政府的关系，国有资本的法律地位问题，如何通过现有对国有企业的管理过渡到对国有资本的管理等问题。对这些问题的研究透彻与否，将直接关系到我国国有资产从管理国有企业到管理国有资本转变的成败。

第三节 研究内容及方法

一、研究内容

论文对选题的研究内容主要从九个方面进行。一是厘清国有资产、国有资本以及国有企业概念的相互关系，准确描述国有资本的内涵以及国有资本的主要表现形式。二是从我国国有企业生产和发展的历程出发，论述国有资本运营是我国国有企业改革的可选路径。三是准确界定我国国有资本的范畴，结合国有资本的概念和内涵，以中央企业为例，按照政府的经济社会管理职能和国有资本的所有权职能，将国有资产准确分类，界定我国国有资本应涵盖的范围。四是论述国有资本整体与政府的相互关系，政府部门作为国有资本整体的所有权代表，应根据国民经济发展的需要拟定国有资本运营的目标、重点以及方针政策等。五是论述国有资本运营个体——即国有资本运营公司的设立原则、目标、方式等问题。国有资本运营必须在政府部门有关国有资本运营的投向、目前的政策方针的指导下运营。六是论述国内外其他国家和地区国有资本运作的经验，在此基础上，主要从七个方面归纳国有资本运作的经验及启示。七是在国有资本运营公司成立之后，国有资本的管理主体得到明确，混合所有制企业相应而生，混合所有制企业中的国有资本管理主体、管理范围、管理方式以及混合所有制企业中的国有资本收益来源与分配应得到进一步明确。八是论述国有资本绩效考核的方式，包括作为国有资本的整体和国有资本个体的考核指标等。九是作为国有资本所有者代表的政府应主要通过资本的纽带对国有资本运营公司进行管理，应制定和完善国有资本的投资政策、绩效考核政策以及收益分配政策等。

二、研究方法

本论文的研究将应用社会科学研究多种方法与手段。

第一，系统论分析方法。将所有研究对象视为一个系统，分析系统的组成元素、结构、功能及系统内外交流的相互关系和动态变化规律。国有运营是一个复杂的系统，涉及政府、国有企业、政府、资本市场等多方面，系统论的思想和方法是本论文总体思路的基本出发点。

第二，归纳和综合相结合的方法。归纳的方法主要是指研究过程中，对一些定性的观点无法通过定量数据进行论证时，先对研究对象的一般基本特征进行逐一的分析与描述，然后对这些描述进行综合，归纳出共同的特征或规律。通过这两种基本方法达到研究的目标。

第三，实证分析与规范分析方法，利用国内外文献数据库资料，系统收集、整理、分析国内外有关国有企业改革、国有资本研究所聚焦的相关问题，借鉴已有的研究方法与研究成果，对相关问题进行更深入的探讨。

第四，定性和定量相结合的方法。定性分析和定量分析相辅相成，互为补充。定性分析是定量分析的基本前提，也是定性分析的总结和提炼。定量分析具有精确性，为定性分析提供数据基础和支撑。论文对具有的观点在定性分析的基础上，尽可能通过相关数据的收集和整理，通过定量分析来进行论证。

第五，比较研究方法。比较研究方法是分析判断的重要方法之一。论文在研究过程中将对国内外国有企业、国有资本运营的思路、模式、方式及与政府的相互关系进行初步的对比研究，总结这些国家国有企业、国有资本运营成功的共性，将这些共性与中国的实际相结合，为我国存在的相关问题的研究提供参考和借鉴。

第四节 可能的创新和不足

一、可能的创新

本选题在国有资本运营理论、体系和机制方面具有创新之处。

第一，选题研究系统地论述了国有资本运营相关的理论问题。首先，辨析了国有资本、国有企业与国有资产间的相互关系以及本质区别，认为国有资本具有资本的根本属性——即增殖性，或逐利性，由此将国有资本范畴界定为以营利为目的的国有企业。其次，对国有资本与私人资本之间的所有者关系进行了辨析，认为国家是与私人相对的终极资本所有者，由此也导致国有资本的委托－代理链条较长等特性。最后，依据国有资本形态演变与国有企业之间的相互关系，提出在现阶段，国有资本的管理应主要从国有资本的实物形态向国有资本的股权或产权形态以及价值形态管理转变。

第二，选题提出了以资本为纽带的国有资本运营体系，即政府国有资本监管—国有资本运营公司—混合所有制企业或控股企业的国有资本运营体系。首先，提出了国有资本运营公司是国家授权的全资公司，是国有资本参与市场的微观主体，并不从事商品或劳务生产，主要是管理出资形成的企业股权，通过优化股权配置来实现国有资本的保值增殖目标。其次，提出了国有资本运营公司必须建立以董事会为核心的现代企业制度，董事会应由独立董事、执行董事和政府派驻的股东董事组成。股东董事保留国家公务员的身份，公司的经营管理人员则可以从市场选聘。再次，提出了国有资本的绩效评价体系，认为国有资本的绩效评价应从两个层面进行，第一层面是国有资本整体的保值增值、配置结构以及支配力和控制力等角度进行，第二层面是国有资本运营公司资产报酬率、投资增值率、投资退出收益率、营利退出项目占比、收益来源占比等角度进行。最后，提出了政府国有资本监督的主要职能，主要包括制定国有资本的投资政策、界定国有资本运营公司的投资范围、完善国有资本的绩效考核政策以及优化国有资本的收益分配政策等。

第三，选题对混合所有制企业进行了辨析，认为混合所有制企业的必要条件是国有资本与非国有资本的混合，必须具有国有资本所有者代表资格或被所有者授权的企业才能成为混合所有制企业中的国有资本管理主体。只有国有资本运营公司、国有企业以及国家授权的资产管理公司才能成为混合所有制企业中的国有资本管理主体。

二、论文的不足

本论文主要是规范研究，在实证方面还存在不足之处。

一是由于资料所限，对现有国有企业特别是中央企业的主营业务缺乏系统的分解与分析。在国有企业的诸多业务当中，既存在着以提供公共产品为主要目的的业务，也包括以营利为目的的业务，这两种业务通常在同一国有企业内同时存在，如何更好地辨析这两种业务，对国有企业进行更为细致的分类研究仍需要进一步深入。

二是对国有资本运营公司的绩效评价方面，由于数据所限，仍需要长时间的跟踪研究。国有资本运营公司的绩效指标需要大量的实际数据对各个指标进行验证、分析、筛选等研究，由于目前具有国有资本运营公司性质的企业数量稀少，相应的数据也非常有限，对这些指标仍需要进一步深入跟踪、研究。

三是对国有资本的宏观监管体系仍有待长期跟踪研究。政府的国有资本监管体系是随着国有经济的发展不断变化的动态过程，在这个过程中，政府的国有资本的宏观监管职能也应根据形势不断发展，这方面也需要长期跟踪研究。

第二章　概念界定及相互关系

国有资本与国有企业、国有资产的概念关系密切。首先，三者在概念与内涵上存在区别。国有资本属于资本范畴，具有资本的属性。国有企业是企业法人，是经济活动的组织者。国有资产则是一种静态的“物”的概念。其次，三者在表现形态上存在区别。在现代企业制度下，国有资本的表现形态为所有者权益，即公司的股权。国有企业则是独立的法人，国家拥有国有企业的所有权，而国有企业拥有法人财产权。国有资产则是国有企业利用国家投资所购买的经营所需的各种机器、设备、厂房、原料等。最后，三者在运动方式上也存在区别。资本具有增值运动的根本属性，必须通过运动实现增值。国有企业的运动主要是一种经济组织活动，以生产商品或劳务的经济组织活动，可以以营利为目的，也可以不以营利为目的，如提供公共服务的国有企业。而国有资产更多地是一种静态的“物”，不具有运动属性，是被动地被国有企业或政府部门进行资源配置的对象。三者存在区别的同时具有密切的联系。三者通过所有者关系紧密联系在一起，国有资本表现国有企业的股权，由国家所有。国有企业拥有企业用于生产经营所需的机器、厂房以及原材料等资产所有权。在形成方式上看，一定条件下，国有资产可以转化为国有资本。

第一节　国有资本

资本是经济学中非常重要的概念。在英语中，资本的单词表述为“capital”，这一词语的来源是拉丁语中的“caput”，意思是“头（脑袋）”的意思。资本主义社会形态出现之前，资本最初主要指人的“主要财产”、“主要款项”。在经济学历史中，各经济学派分别从不同的出发点对资本进行了较为深入的研究，具有代表性的主要包括西方经济学派和马克思主义经济学派。

一、西方经济学派的资本观

西方经济学派对资本的研究着重于资本的获利性和生产性两个方面，其对资本的认识主要是资本的物资形态，即资本的自然属性。在西方经学思想中，早期认为资本与财富是等同的，凡是能增值的一切财货均为资本。重商主义认为货币就是资本，其对资本的研究更多地是集中在流通领域，其实质并没有将资本与货币进行区分，而是将资本与货币混为一谈，存在着一定的局限性。重农学派认为资本产生与农业生产，资本就是农业生产所获得的物资资源，只有农业才是财富的来源。重农学派对资本的认识更进了一步，认为资本来源于农业生产领域，而不是流通领域。亚当·斯密则认为，资本是获取剩余价值、创造利润的工具和手段，体现了资本家剥削雇佣工人的剥削关系，并将资本划分为固定资本和流动资本。大卫·李嘉图则认为生产资料就是资本，认为资本就是生产手段，将资本等同于生产手段。但他对资本的认识较为片面，混淆了资本和资本的物资形态，同时忽略了资本的历史性和社会性。这些资本观推动了对资本的认识和理解。

（一）重商主义资本观

重商主义（mercantilism，也称“商业本位”）对资本进行了最早的理论阐述。重商主义者认为，贵金属（货币）是衡量财富的唯一标准。人们从事各种经济活动就是为了获取金银。重商主义将主要研究对象集中在商业资本，从商品流通的角度，即“货币—商品—货币”，对资本的产生过程进行了研究。重商主义早期的代表人物是威廉·斯塔福德。斯塔福德倾向于将货币金银与国家财富等同起来，认为国家的财富就是货币金银，也就是将资本看作货币。进一步推断，就是只有通过获取更多的货币才能促使国家强大，而获取更多货币的的手段就是使国家的出口大于进口，这样货币就能流入。重商主义晚期代表人物托马斯·曼认为对外贸易是财富的唯一源泉，货币是财富的唯一形态。只有对外贸易是增加财富和现金，只有每年卖给外国货物的货币价值大于进口外国货物的货币价值，财富才能增加。[1]

重商主义政策的实施加速了资本的原始积累，对资本主义生产方式的确立有着促进作用。但重商主义只是从流通领域考察了资本产生过程，其考察对象只限于“流通过程独立化为商业资本运动时呈现出的表面现象”[2]，并没有揭示资本产生的过程（李石，2012）。随着产业资本的发展，对资本理论的研究逐渐开始从商品流通领域转向商品生产领域。

（二）重农学派的资本观

魁奈是重农学派的主要代表人物。重农主义资本观首见于其代表作《经济表》。马克思对重农学派给予了较高的评价，将重农学派看作第一个系统理解资本主义生产过程的学派[3]。重农学派认为，真正的财富并不是货币，社会财富的唯一来源是农业资本，社会其他收入的基础都是农业生产。由此，资本来源于农业生产，是农业生产的物质产品，资本的大小则由农业生产的物资产品的数量多少来衡量。生产越多，社会资本越大，反之则越小。魁奈[4]认为，只有农业部门才能看作生产部门，工业部门仅仅是变更或组合农业部门生产的物资财富的形态，商业部门也仅仅是导致财富所在的地点和时间发生

1 ［英］托马斯·曼：《英国得自对外贸易的财富》，商务印书馆，1965年版，第4页。
2 马克思：《资本论》第3卷，北京人民出版社，2004年版，第375页。
3 马克思：《资本论》第2卷，人民出版社，2004年版，第399页。
4 ［法］魁奈：《魁奈经济著作选集》，商务印书馆，1981年版，第333页。

改变。因此，社会的唯一财富来源就是土地，只有农业部门能够将土地变为财富，增加社会的财富总量。农业生产过程中投入的价值和最终产出价值会形成差额，这个差额就是“纯产品”。由此可见，“纯产品”就是将资本的概念概况为农业生产，以农业资本对资本主义资本进行了概况。

重农学派的重大贡献在于把对资本的认识从流通领域转移到了生产领域。重农学派认为资本是实物，把资本在生产领域中所表现出来的形态看作资本，而货币本身并不是资本的一种形态，抓住了生产资本的重要表现形式来阐释资本主义生产方式。但是重农学派只是将土地和农业生产视为财富的唯一来源，认为生产劳动仅仅在农业部门产生，对于生产的认识具有片面性。同时，重农学派不能从普遍性和抽象性上来理解劳动，也没有正确的劳动价值论作为理论基础，过分强调资本的使用价值，否定了货币的其他形式。因此，重农学派的资本观有其局限性。

（三）亚当·斯密的资本理论

亚当·斯密是英国古典经济学派的建立者，其代表作是《国富论》。斯密对资本进行了较为系统的研究。斯密认为，人都是利己主义者，由此也构成了《国富论》的哲学基础。在这一基础上，斯密从自由经济的角度，深入探讨了财富产生的根本原因。斯密认为，资本是一种手段，其目的是掠夺剩余价值，资本是一种工具，能为资本所有者创造利润。资本是资本家占有工人剩余价值的结果，反映资本家对雇佣工人的剥削关系。剩余价值来源于工人的无偿劳动，工人的劳动导致了原材料价值的增值，而剩余价值是原材料价值增值的一部分。斯密[1]的论述认为，一旦资本集中在部分人手上，这些人便用资本购买原材料，雇佣工人，为工人提供生活资料，让工人们开始生产活动，生产出来的产品通过一定的价格与其他产品进行交互，形成价格，价格中的一部分用于支付原材料和工资，剩余部分则被资本家占有，作为资本家获得的利润。由此，斯密得出来资本是一个历史范畴的论断，是与雇佣劳动联系在一起的，只有生产发展到一定的水平，能够产生一定规模的雇佣劳动才能产生资本与利润。在资本积累方面，斯密认为，资本来自储蓄，源于节约，是经济扩张的关键因素。资本可以进一步提高生产力、提高分工水平，扩大市场规模。资本家通过节约使资本增加，而资本家的奢侈会导致资本的减少，资本家节约了多少收入，就会增加多少资本。

依据资本产生利润过程中的作用，斯密[2]第一次将资本进行了分类，即流动资本和固定资本。斯密认为流动资本和固定资本来源于利润。对于所获得的利润，用来购买能够使土地获得改良的机器和工具或者其他不需要易主的工具的部分，则是固定资本。用来购买工人劳动所需材料的部分，则是流动资本。在此基础上，斯密总结了资本的用处：1. 获取生产资料，用于生产；2. 生产用于消费的物品，为社会提供消费；3. 用于将生产的物品从一个地方运到另一个地方，使物品能够从富余地区流向缺乏地区；4. 用于

1　[英]亚当·斯密：《国民财富的性质和原因的研究》（上），商务印书馆，1972年版，第43页。
2　[英]亚当·斯密：《国民财富的性质和原因的研究》（上），商务印书馆，1972年版，第254～255页。

一部分生产资料的储存，为生产提供稳定性。斯密对资本用途的划分及其深刻认识，超越了当时原有的重农主义和重商主义关于资本的理论思想，为从社会领域研究资本理论奠定了基础。

（四）大卫·李嘉图的资本理论

大卫·李嘉图以边沁的功利主义为出发点，在劳动价值论的基础上，通过对分配关系的研究，对资本进行了探讨，其代表作为《政治经济学及赋税原理》。李嘉图有关资本的思想是对亚当·斯密资本理论的继承与发扬，而他本人也是英国古典政治经济学的集大成者，马克思评价其达到了“不可逾越的界限”。李嘉图在其所处资本主义时代的背景下，对资本主义一切生产进行了归纳总结，形成了其理论体系。

在对资本的论述上，李嘉图的认识有其片面性。李嘉图的资本观忽略了资本的社会性和历史性，将资本完全等同于资本的实物形态，认为各种生产所需的物质就是资本，而没有对其进行辨别。马克思[1]认为，李嘉图的资本观只注意到了资本的实物形态，如原材料等原材料，而忽略了资本所反映的资本家与工人的生产关系，只是注意了资本的特定物质形式。李嘉图将资本类型从生产资料的耐用程度进行区分，[2]其中固定资本一般是指使用时间较长的生产资料，这种生产资料消耗速度相对较慢。流动资本则是使用时间较短的生产资料，这种生产资料消耗的相对较快，必须不停地进行更新以投入使用。简言之，固定资本就是生产过程中的耐用物品，流动资本就是生产过程中更新快的物品。应该说，资本属于历史范畴，只有一定历史条件下的生产资料才能认为是资本的一种形态，脱离了历史条件，其本身并不是资本。资本在形式上是一种物资，但本质上是一种社会关系。只有在资本主义生产关系下，生产资料被用作获取剩余价值的手段时，才能成为资本。

（五）资本的其他定义

在后来的经济学研究中，经济学家又将资本与其能带来的各种利润进行关联，衍生出与利润相关的各种权利，以此进行综合分析。庞巴维克[3]认为，资本是一种可以用来获取财富的手段的产品。马尔萨斯[4]认为，资本是收入中的剩余转化而来的，这种剩余能使财富不断地增长，这也刺激剩余不断进行积累。马歇尔[5]则把资本看作劳动、土地与资本三大生产要素中的一种，他认为资本是财富，但又不仅仅是财富，是用来获取货币形态收入的那一部分财富。在近代复杂的金融市场环境下，资本又可以看作一种权利，或者说是支配权，这种支配权和由支配权获得的收入可视为资本。萨缪尔森[6]认为，资本是一种要素，这种要素是被生产出来的，同时也是投入经济生产过程的耐用品，与土

1　《马克思恩格斯全集》第30卷，人民出版社，1995年版，第510页。
2　[英]大卫·李嘉图：《政治经济学及赋税原理》，商务印书馆，1972年版，第24页。
3　庞巴维克：《资本实证论》，陈端译，商务印书馆，1983年版，第73页。
4　马尔萨斯：《政治经济学原理》，商务印书馆，1962年版，第261页。
5　马歇尔：《经济学原理》上卷，商务印书馆，1983年版，第91页。
6　保罗·萨缪尔森：《微观经济学》，人民邮电出版社，2008年版，第29页。

地和劳动不同的是，资本在使用它之前必须首先被生产出来。在市场经济中，产权非常重要。只有明确了资本的产权，资本所有者才能得到由资本带来的各种权利。市场经济中资本一般属于私人所有，并且由资本投资所产生的收益归资本所有者所有。因此，资本主义的本质是个人占有资本并能从资本所有权中获取利润。

二、马克思主义经济学中的资本理论

马克思从历史唯物主义的角度出发，在批判古典经济学资本理论的基础上，对资本理论进行阐述。资本的定义和内涵在马克思主义经济学中具有举足轻重的地位，资本已经不仅仅是单纯“物”的形式，而且代表着一定的生产关系和社会关系，属于历史范畴。马克思主义经济学[1]认为，资本是一种生产关系，它体现在物上，但资本并不是物，而是历史条件下社会形态和社会形态中的各种生产关系，资本将特有的社会属性赋予了物。马克思从资本的产生、运动、形态、自然和社会属性等多个方面对资本进行了论证，科学地将资本理论体系完全呈现出来。

（一）资本的产生

按照马克思的观点，资本是一个历史范畴，是在一定历史阶段上产生的。资本产生的历史条件包括两个方面。一方面是商品的生产和流通。只有当商品的生产和流动发展到一定程度资本才能产生，在这样的历史条件下，一部分由于货币较多，能够雇用一定数量的生产工人，可以通过不断获取工人生产的剩余价值，而不用自行进行劳动。这些人通过专门获取剩余价值进行资本的积累，其雇佣工人及用于生产的货币转化为资本。马克思[2]指出，资本的起点在于商品流通，商品生产和发达的商品流通是资本产生的历史前提。另一方面是劳动力成为商品，在市场中存在。这是货币转化为资本的关键，意味着资本有变为现实的可能，是资本存在的必要条件。马克思[3]认为，创造资本关系的过程就是劳动者和他的劳动条件的所有权分离的过程，而这种分离由原始积累造就。只有具备了一定数量的货币的原始积累者，具备了购买劳动力的条件，才促成了这种分离。因此，马克思关于资本产生的两个条件[4]，商品流通和货币流通，以及生产条件和生产者的分离，只有这两个条件同时具备，资本才出现。

（二）资本运动公式

货币是资本的最初表现形式，但货币本身并不是资本，其转化为资本必须具有一定的条件。货币转化为资本的过程，是由马克思通过资本运动总公式论述的。作为“货币的货币”与作为“资本的货币”，两者在流通形式上截然不同。

作为货币的货币，其主要作用是作为流通手段，是一种简单形式上的商品流通，由商品流通公式来表现，即：W—G—W。其中，G—表示货币，W—表示商品。这一公式所

1　马克思：《资本论》第 3 卷，人民出版社，2004 年版，第 922 页。
2　马克思：《资本论》第 1 卷，人民出版社，2004 年版，第 171 页。
3　马克思：《资本论》第 1 卷，人民出版社，2004 年版，第 275 页。
4　马克思：《资本论》第 1 卷，人民出版社，2004 年版，第 198 页。

要表达的内容是商品生产者是为了买而卖。这一过程表示，商品生产者为了得到货币，必须先将商品卖出，由商品转化为货币。然后再将出售商品得到的货币再购买商品，由货币转化为商品。

作为资本的货币，遵循的是资本的流通形式，由资本的流通公式进行表述，即G—W—G’。公式中，G’ ＝G＋ Δg，Δg表示原资本G的增加额，也就是剩余价值。作为“货币的资本”是为了卖而买。货币的持有者先在市场上购买商品将货币转化为商品，然后再在市场上通过卖出商品将商品转化成货币。从这个过程可以看出，作为资本的货币能够在资本运动过程中带来剩余价值，从而实现资本的增值。在这种情况下，货币才转化为资本。资本流通公司是一个通用公式，概况了资本的共同特性，即价值增值的特性，这个公司适用于所有资本，既包括商业资本和产业资本，又包括借贷资本以及银行资本等其他各类型的资本。

上述两个流通公式，不论是商品流通公式，还是资本流通公式，都是以价值规律为基础，必须遵循价值规律的要求。这一价值规律就是，必须以价值为基础，在商品或资本的流通过程中实行等价交换。对于资本增值额 Δg，从资本流通公式上来看，表面上是在资本流通过程中产生的，但实质上，Δg仅仅是在流通过程中实现价值，而不是产生价值，其产生是在生产过程中由于雇用了劳动力这个商品进行生产而实现的。

（三）资本类型的变化

根据资本的存在方式和运动方式，资本可以分为不同的形态和类型。不同的领域、不同的阶段和不同的时期，其形态并不是一成不变的，而是不断发展变化的。从满足社会职能的不同功能角度出发，资本可分为商品资本、生产资本以及货币资本。按照资本价值转移和周转方式的不同，可以分为流动资本和固定资本。从资本是否以实际形态存在的角度来划分，可以分为实物资本和虚拟资本。

产业资本主要是指从事物质生产的各种资本，如农业、工业等部门的资本。在产业资本的运动中，货币资本起着“第一”和“持续”推动的作用。资本主义的进一步发展促使货币资本与产业资本的逐渐分离，货币的所有权与使用权发生分离，一部分资本通过借贷关系从产业资本循环运动中分离，成为独立的生息资本。

马克思还对虚拟资本进行了深入的论述。马克思认为，虚拟资本产生的基础是生息资本。信用制度的产生加快了资本主义虚拟资本的发展。随着信用制度的发展，各种能够带来资本收益的权利证书可以通过买卖而实现收益，如各种金融票价。这些虚拟资本主要以有价证券的形态存在，其运动可以独立于实物资本运动之外，如汇票、债券、股票等。

在全球金融市场极大发展的基础上，金融衍生工具日益增多，虚拟资本所包含的范围被大大扩展。它不仅包括了各种有价证券，还包括了以股票等原生性金融工具为基础建立起来的金融衍生产品，如期权、期货等。虚拟资本得到了更高程度的发展。

（四）资本的自然属性

西方经济学对资本的研究侧重于资本的实物形态和资本所体现的物与物或物与人之间的关系，忽略了资本所掩盖的人与人的关系。马克思在前人研究的基础上，第一次阐明了资本的两种属性——不包括价值判断的资本的自然属性以及包含价值判断的社会属性。

1．资本是自行增值的价值

资本是一种能自行增值的价值，能够带来剩余价值，这是资本所共有的本质。[1]资本主义生产的根本目的和动机是追求资本价值的无限增值，而不是获得商品的使用价值，马克思资本流通的总公式阐明了资本的增值性。因此，马克思描述，资本只有一种生活本能，就是获取剩余价值，实现自身增值，通过转化为生产资料与雇佣工人的劳动相结合尽可能多地获取工人的剩余劳动[2]。

2．资本具有运动的自然属性

运动是资本重要的自然属性。资本的运动具有两个维度，一是时间上的维度，二是空间上的维度。

在时间维度上，资本的运动表现为资本的各种不同的职能形态在资本运动的不同阶段的不断循环。这一完整循环过程包含了各种各样不同形态的资本，如货币资本、生产资本以及商品资本。货币资本的循环主要是指资本所有者用货币购买生产所必需的生产资料和劳动力。生产资本的循环是指通过劳动力与生产资料以资本主义的方式结合，生产出包含剩余价值的商品。商品资本的循环则是通过商品的销售，实现包含在商品中的货币价值和货币价值并获得货币化的剩余价值。资本对价值增值的无限追求要求资本运动必须周而复始，连续不断。各种职能形态的资本在时间上继起，空间上并存，由此形成了资本的实物与价值形态的统一。获取剩余价值的核心也要求资本运动需要不断地提高效率、提高生产力、加速资本的周转、缩短生产的时间，以此不断降低资本的运动成本从而获得更大的剩余价值量。

在空间维度上，资本运动表现为资本的扩张性，即资本可以从一个地域空间转移到另外一个地域空间，可以从一个部门转移到另外一个部门。资本的这种运动是通过对资源的资本化来实现的。资本的不断增值和新资本的不断加入，使得资本的总量不断扩大，由此不断产生新的市场和新的资源，经济规模不断扩张。同时，资本的空间界限日渐模糊，资本从一国转移到另外一国、从一个地区转移到另外一个地区成为常态，由此也导致了商品的生产、销售在不同国家与地区间的分工，形成国际分工体系。

3．资本具有竞争性

竞争性也是资本的属性之一。资本都是以增值为目的的，由于资本属于不同的所有者所有，这些资本所有者为了达到自身资本增值的目的，不同的资本所有者之间必然会展开竞争。在竞争中获得胜利的资本所有者将扩大市场的范围和资本的规模，而竞争失

1　《马克思恩格斯全集》第 30 卷，人民出版社， 1995 年版，第 440 页。

2　马克思：《资本论》第 1 卷，人民出版社， 2004 年版，第 269 页。

败的资本将在市场中被淘汰。优胜劣汰的资本竞争基本原则成为资本运动的外在强制力，使得资本必须不断提高生产力，以此来在竞争中占据优势，由此也导致了社会生产力的不断提高，推动社会生产技术的进步。资本的竞争又分为不同的形式。一种是资本部门内部的竞争，即生产相同或相似产品资本之间的竞争，这种竞争主要通过提高生产率、降低生产成本等手段实现，如使用新技术、改善管理等方法，最终目的都是获取超额利润。另一种是部门之间的竞争，是指生产不同产品的不同部门之间的竞争，实现资本从低收益率的生产部门向高收益率的生产部门转向。当大部分资本向高收益率部门转移的同时，同一部门的内部竞争不断加强。这种内部竞争又导致本部门不断提高生产率，形成较为合理平均的利润率，并降低产品的生产成本，增加了产品的供给。

（五）资本的社会属性

资本并不是孤立存在的，而是与一定的社会制度相关联的，资本这种与社会制度相关联的特殊存在就是资本的社会属性。

1．资本表现为一种生产关系

“资本显然是生产关系，而且只能是生产关系”[1]。资本体现为物，但资本不是物，是一定历史条件下以及一定的社会形态下生产关系的表现，并被赋予了独特的社会性质[2]。它是一种以雇佣劳动为基础的社会关系，反映了活劳动与物化劳动之间的两种关系。一种是交换关系，即活劳动可以与物化的劳动进行交换。另外一种是支配关系，即物化劳动对活劳动的支配。资本物的形态主要表现为商品、货币等，通过这些物的形态，反映了人与人之间的各种社会生产关系，其实质是资本与劳动资料、劳动对象和劳动者之间的相互关系，反映了资本所有者获得劳动者剩余价值的关系。

2．资本是一种经济权力

资本是一种经济权力，是对劳动及其产品的支配权力，是对剩余劳动的占有权和支配权。一切剩余价值都是工人剩余劳动的物化，包括利润、利息、地租等。资本的本质，就是其对工人提供的无酬劳的支配权力。任何剩余价值，不论最终是以利润、利息或者地租的形式表现出来，其实质都是来源于工人的无酬劳动，是对无酬劳动时间的物化。因此，资本之所以能够自行增值，其关键因素是因为资本是一种经济权力，即能够对工人的剩余劳动时间进行支配的权力[3]。

3．资本创造了普遍物化的世界

资本创造了一个物质极度繁荣的世界，一个普遍物化的世界。资本通过无限增值的本性使社会生产力得到不断的发展和提高，不断提高的生产力创造出巨大的社会财富，将人类社会的物质世界推到极限。在资本社会，人与人之间的生产关系并不以个人意志为转移，也不受自身控制，他们的劳动及其产品都是商品，这种生产关系都是通过商品

---

1 《马克思恩格斯全集》第30卷，人民出版社，1995年版，第510页。

2 马克思：《资本论》第3卷，人民出版社，2004年版，第922页。

3 《马克思恩格斯全集》第23卷，人民出版社，1995年版。

形式表现出来的。[1]资本发展的趋势就是使出现在任何地方的生产方式都服从资本，受资本的支配。可以看到，在民族社会内部，资本的存在和发展会将一起劳动都变为雇佣劳动。在民族社会或者国家以外，资本则以国际间的竞争为手段，来使没有实现资本主义生产方式的国家接受其生产方式。因此，竞争成为资本强行传播自身生产方式的手段。[2]

三、资本概念和内涵的界定

西方经济学以及马克思主义经济学对资本的深入研究为更为准确地认识资本提供了参考。由于受价值判断以及当时的社会经济条件和历史环境的影响，对资本概念和内涵的认识难免存在历史局限性。纵观西方经济学家和马克思对资本研究和认识的历史，本文认为，对资本的理解和界定应把握以下几个方面的重要特征。

首先，资本是一个历史范畴，是社会生产力达到一定阶段的产物。当商品的生产和流通发展到一定程度，劳动力可以作为商品在市场中存在，一部分人通过积累拥有了购买一定数量的生产资料和劳动力的货币，在市场上出现雇佣工人可以自由出卖自己劳动力的情形下，货币转化为资本，资本便产生了。拥有资本的人便可以不通过劳动而靠获取工人的剩余价值进一步进行积累。因此，资本产生必须满足三个方面的基本条件，一是商品的生产和流通达到一定程度，二是工人拥有了出卖自己劳动力的自由，三是雇佣劳动的大量出现。只有在这样的条件下，资本才会产生。

其次，就资本的物资性来看，资本是迂回生产的中间产品，是生产出来的价值。在人类社会生产的两个基本条件中，生产资料是生产的物资基础，劳动则是生产的主体，在生产中起着主导作用和决定作用。从生产的产品和人类的最终需求来看，一部分是最终产品，即满足人类的各种需求，是消费品。另一部分则并不直接满足人类的需求，而是进行扩大再生产的前提，如机器、厂房等，其功能就是提高最终产品生产的生产率，使最终产品能出现更多剩余。这种迂回生产能极大地提高生产效率。因此，从商品生产的整个过程来看，资本是进行迂回生产的中间产品。由于厂房、机器等中间产品也是通过工人的劳动生产出来的，凝聚着工人的剩余价值，所以资本也是生产出来的价值。

再次，资本的根本特性是通过运动实现增值。这是资本的根本属性，如果不以增值为目标，便不是资本，如果不能通过周而复始进行循环运动达到增值的目的，同样也不能称作资本。因此，资本是一种价值，这种价值，能够带来剩余价值，可以通过运动实现自行增值。资本的增值通过运动来实现，即通过时间和空间两个维度来实现增值。其最重要的作用就是不断提高生产率，降低生产成本，提供更多的产品，获取更多的剩余价值。由于资本也是劳动生产出来的价值，其中也就凝结了工人的剩余劳动。剩余价值是工人劳动创造的，但是，由于资本本身也是剩余劳动的凝结，因此，资本参与剩余价值的分配也具有合理性。

最后，资本的表现形态是随着社会经济的发展不断变化和发展的。资本形态具有多

1　马克思：《资本论》第 1 卷，人民出版社，2004 年版，第 113 页。
2　《马克思恩格斯全集》第 31 卷，人民出版社，1998 年版，第 128 页。

样性，在现代社会中，除了传统意义上的商业资本、产业资本、金融资本和虚拟资本，还出现了人力资本、社会资本和无形资本等类型的资本。资本形态变化的基础是科学技术的不断创新与进步和生产力的不断提高。回顾历史，历次科技革命都导致新产业的涌现与发展，不断产生新的资本形态。虚拟资本是现代社会最为重要的资本形态，虚拟资本具有两面性，既有积极的一面，也有危害的一面。虚拟资本积极的一面主要是指虚拟资本能够以新的方式提高劳动生产率，能够增加资本积累、节约资本和扩大再生产，能够加速资本循环，提高使用效率。消极的一面在于虚拟资本可能借助信用制度制造虚假的市场繁荣。

四、国有资本的概念和内涵

顾名思义，国有资本是国家所有资本。马克思对于资本的论述基于资本主义资本归私人所有。与资本私人所有相对应的则是资本属于国家所有。资本的最终所有者通常包括三类：一是国家所有，即有权代表国家资本进行投资的部门对企业投资所形成的资本；二是自然人所有，即社会公众个人以合法财产对企业进行投资所拥有的资本；三是外资所有，即国外投资者向国内企业投资所形成的资本。与资本最终所有者相对应的是资本的法人所有者，即法人单位以其依法可以支配的资金或资产投入企业形成的资本。国有企业所拥有的资本是企业法人资本，与国有资本并非同一层次上的所有者，是国有资本的派生资本。在国有企业中，由于企业完全为国家所有，其所拥有的资金则可以称为国有企业法人资本。对于国家投资非国有独资股份制企业，其他出资方还可能包括自然人、外资或企业法人资本，由于资本归多方所有，国家只占有所有者权益的部分，企业所拥有的资本无法认定为国有资本，而是企业法人资本。

国有资本满足资本的一般属性，即增值性、运动性以及一种经济权力。因此，只有以增值性也就是营利为目的的国家所有的资本是国有资本。而不具有增值目的的国有企业，或者以物质形态存在的国有资产并不能认定为国有资本。如国家出资购买或形成的政府行政事业单位的各种设备物资等，或提供公共产品或公共服务的单位，虽然冠名以企业，但因这些单位并不以营利为根本目的，其不应界定为国有资本，而应属于国有资产或国有企业所拥有的资产范畴。

作为国有资本出资人的国家与自然人（或自然人集团），在资本投资的行为方式上，存在根本差别（谢志华，2011）。国家是一个抽象的概念，国家自身并不具有直接进行投资的行为能力，包括形式上的行为能力（像自然人一样参与投资市场进行投资活动）和实质上的行为能力（像投资家一样参与投资市场，并有效进行投资活动）。正是由于这种差别的存在，国有资本的运营必须以确定明确的代理人为前提，即在国有资本的所有者国家与所投资企业之间寻找一个代理人，来代表国家向包括国有企业和非国有企业投出资本，并对运用国有资本的企业的行为进行实际约束，对已投出的国有资本根据国家需要和市场需求进行投资结构、规模和方向的调整。由此，代理人具有了两方面的责任，一方面，受权经营国有资本，对国有资本承担投资责任，另一方面，对企业投出资本，代表国家行使出资者权利。国家出资人与受权的代理人的关系表现为国家提供资本，受权投资代理人将资本投放于各企业，各企业将接受的国有资本转化为企业资产，经对资产进行经营，谋求企业价值的最大化或股东利益的最大化，受权的代理人由此而分享企业的收益，然后将获取的投资收益分配给国家，国家获得资本收益，代理人也因资本经营能力而分享一部分利益。

资本国家所有的这种特征决定了国有资本投资代理具有较长的委托—代理链条。通常情况下，完整的代理链条如图 2-1 所示。国家一般通过一定的程序将国有资本的所有者代表委托给政府，政府则委托具体的国有资本管理部门，国有资本管理部门则将国有资本委托给具有投资行为能力的机构，如国有资本运营公司，最后由国有资本运营公司实现对企业的投资，形成国有企业或混合所有制企业。但在实际情况中，由于政府对国有资本、国有企业管理体制或制度的不同，国有资本的代理链条并不完整。

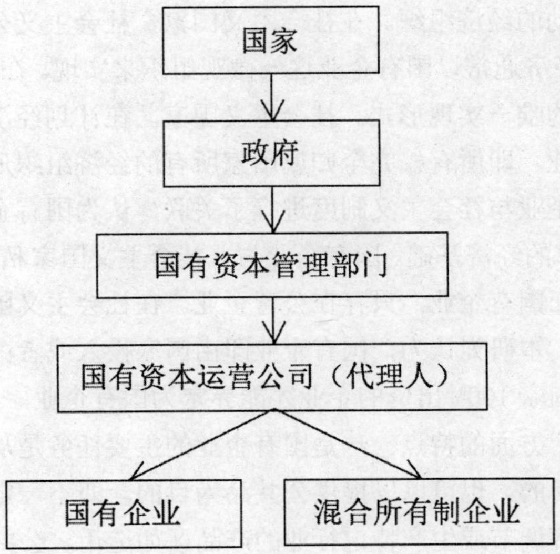

图 2-1　国有资本委托—代理链条

依据资本发展的形态，国有资本包括实物形态（各种生产资料）、权益形态（所有权或股权）、价值形态（货币）等多种形态。在现代企业制度下，资本通常表现为公司的所有者权益，即公司的所有权或股权，或者价值形态。国有资本则表现为由国家直接出资对企业形成的股权以及价值形态。

第二节 国有企业与公营企业

与国有企业概念相对或者近似的概念是公营企业，或者称为政府企业。这两类企业的概念具有某些相似性，容易导致概念的混淆，必须对其进行准确辨析。

一、国有企业

要想准确理解国有企业的概念，必须先厘清国家所有的概念。这里的国家所有指的是国家完全所有，或者是100%出资。由于各种原因，世界各国国有企业的定义和内涵各有侧重，准确、统一的定义国有企业十分困难。通常认为，国有企业是指由国家投入，依法从事生产经营活动的经济组织。在社会主义国家，社会主义公有制通常以国有经济的形式实现，而国有经济通常以国有企业这一微观组织来实现。在苏联计划经济体制下，国有经济成为公有制的唯一实现形式。社会主义国家。在计划经济体制下，国有企业就定义为全民所有制企业，即所有权完全归属国家所有的经济组织形式（潘岳，1997）。钱津（2009）将国有企业与社会主义制度进行了关联，认为国有企业是社会主义公有制企业，是社会主义国家的经济基础。国有企业与非社会主义国家私有制性质是不相容的。非社会主义国家不存在国有企业，只存在公营企业。在社会主义国家中，公营企业与国有企业可以同时存在。本研究认为，国有企业即由国家投入或者由国家所有的企业，即完全由国家所有、由国家100%出资的企业才能界定为国有企业。

国有企业具有多个方面的特点。一是国有企业的主要任务是从事生产经营活动。国有企业可以以营利为目的，也可以以提供公共品为目的，即不一定需要营利。如某些国有企业担负着国家经济调节或生产特定行业的产品（如造币、公共交通）等职责，对于国民经济发展具有重要作用，但一定时期内难以产生盈利，却仍需要国家投入设立企业。二是国有企业是一个经济组织，可以多种形式存在，既可以作为市场的独立企业法人，也可以成为政府的一个部门，以企业方式运作。三是国有企业的设立依据有别于一般的企业。除企业适用的一般法律外，国有企业的设立还必须依据和适用国家制定的关于国有企业的特别法律。四是国有企业经营管理通常接受政府的行政命令，政府会给予国有企业一定的政策特权，同时也必须承担相应的义务。在某些自然垄断行业中，政府通常会从财政、信贷和外汇等方面给予一定的优惠条件，在企业亏损时进行财政补贴。但同时，企业必须承担政府所规定的义务，如执行国家计划，接受国家对企业产品或服务价格的控制，保障社会需求，满足国家进行经济条件的目的等。从国有企业的特点上可以看出，与私营的法人企业相比，国有企业是企业，但又接受政府行政命令，不完全是企业。国有企业是法人，从事与私营法人企业类似的经营活动，但又是一种不同于一般法人的特殊法人。

二、公营企业

与国有企业概念类似的是公营企业，或者称为政府企业、公共企业、公企业等，王开国（1995）认为，政府企业是由中央或地方政府控制的企业，或者通过一定的管理条例进行管理的企业。由于政府拥有企业的所有权，因此，政府有权利对其直接或间接地施加影响，使其接受政府的指令，完成政府规定的目标。

西方发达国家对国有企业、公营企业的概念经常混为一谈，具体定义也略有不同，通常的称谓也多种多样，如State-Owed Enterprise、State Enterprise、Public Enterprise、State-Owned Company、Government-owned Companies、Nationalised Industry Enterprise、State-sponsored等，这些被我们习惯称为国有企业的经济组织分别隶属于中央政府和地方政府，但并不隶属于国家。在西欧，对于我们所称的国有企业通常使用的概念是公有企业（Public-owned Enterprises）。1980年，欧盟法规指南中对国有企业进行了规定，认为国有企业是按一定的规则由政府支配的企业。在比利时，公营企业是指一类企业实体，这类企业实体可以具有也可以不具有法人资格，其资本由公共部门所有，其运营则是指在公共部门授予的权利与范围内运行。R.K.米代勒（1991）认为这一定义过于模糊和宽泛，不应作为国有企业的定义，而主要应作为公营企业的定义。在美国，所谓的国有企业，主要是依据企业与政府的关系来确定的，这种关系可以是所有权关系（不完全所有），也可以是控制关系。对这一类企业，美国也通常称为政府所有公司（Government-owned Companies）（刘中桥，2000）。政府对这类公司往往是更注重控制权，而对是否有所有权并不十分在意，对这些公司的定位主要是要求发挥其社会公共职能作用。

根据企业与国家、政府的关系以及企业的法律地位和资本金来源，西欧国家将企业分为三种类型，即国有公司、国家主办企业和国营企业（亨利·帕里斯，1991）。国有公司创办的主要依据是国家按照普通公司法（即私法）。国有公司具有与一般企业完全相同的法律地位，采取股份公司的组织形式独立经营。国家对其可以完全控股，也可以部分控股。这类企业如意大利工业复兴公司和瑞典的国家控股公司等。国家主办企业法律地位特殊，其成立的依据通常是特定的法律条文，这些条文通常由国家有针对性地为这类企业制定。一般情况下，国家主办企业隶属于政府的某一部门，企业在经营中拥有较大的自主权。这类企业如意大利国家碳化氢公司和工业复兴公司、荷兰国家矿业公司、奥地利国家控股公司和美国田纳西水利管理局等。国营企业由政府部门直接经营和管理，其预算通常由政府财政部门制定或批准。公用事业性企业通常属于这类国有企业。

三、国有企业与公营企业的差异

关于国有企业与公营企业的差异，我国学者钱津（2000，2006，2009）对此作了非常深入的研究。总结起来，国有企业与公营企业的不同之处主要包括三个方面。一是经营范围的不同。国有企业的经营范围应主要在竞争领域，凡是民营企业可以经营的行业，国有企业也可以经营（钱津，2009）。不论是社会主义国家还是非社会主义国家，公营企业主要存在于非竞争领域，只有很少或极少数的公营企业涉及竞争性领域。二是政府与企业关系的不同。国有企业要求政企分离，使其成为独立的生产者和经营者，政府不应通过行政命令对企业的经营进行干预。公营企业的基本特点则是政企不分。政府通常从人事任命、经营目标等方面对企业进行控制。企业通常没有经营自主权，其一切经营活动完全按照政府的指令进行。三是所有权归属不同。国有企业由国家代表全国人民行使所有权，以国家权力机构委托中央或地方政府的方式进行管理。政府对国有企业的管理不能改变国有企业属于全体人民所有的属性。而且全民所有权具有集合性，不得分割，个体成员不享有整体权利，只能由国家代表全民享有所有权。而公营企业的所有权归各级政府所有，按照“谁投资谁所有”的原则确定归属。因此，公营企业与国有企业的所有权是完全不同的，所有权属的不同也决定了国有资产与公营资产分别属于不同的主体（钱津，2000）。

基于以上区别，钱津（2009）认为国有企业的改革必须区分政府企业与国有企业，不能将公营资产误认为国有资产。我国国有企业改革必须明确国有企业与公营企业是两类性质不同的企业，这两类企业具有不同的目标、不同的企业制度以及不同的运营领域，必须对公营企业的目标与国有企业的目标加以区别，二者之间不能相互取代。钱津(2009)认为，应在自然垄断行业以及提供国家安全等公共品的部门设立公营企业。由此，我国国有企业的改革思路应将国有企业与公营企业分开，将处于非竞争领域的国有企业转变为公营企业，一部分中央政府控制和经营，一部分各级地方政府控制和经营。

钱津从本质上阐述了国有企业与公营企业的区别，为我国国有企业改革提供了依据。但是，本研究认为有关国有企业两个方面仍需要进一步明确。一是国有企业与所有制的联系。钱津的研究将国有企业与社会主义公有制等同起来，认为只有以公有制为基础的社会主义才存在国有企业。这是有局限性的。本研究认为，国有企业是国家所有的企业，其所有者是国家，与是不是社会主义公有制无关。社会主义国家可以有国有企业，资本主义国家同样可以存在国有企业。不同的是，在社会主义国家，国有企业是以公有制为基础的，在资本主义国家，国有企业并不是以公有制为基础。二是关于国有企业与公营企业的所有权的转化问题。从论文其他章节可以得出这样的结论，新中国成立初期我国的经济路线决定了我国国有企业和公营企业都来源于全民所有的国有资产。将国有资产转化为地方政府公营企业的资产，所有权由国有转变为地方政府所有，这本身存在不公平，因为这些资产是国有资产，由全民所有。而且，我国的政府是人民政府，地方政府是中央政府的派出机构，将资产的所有权在中央政府与地方政府之间划分科学性有待明确。因此，采取公营企业资产所有权属于国家、经营权属于政府的制度安排较为合适。明确部分国有企业转变为公营企业时，不能改变企业及资产所有权，即必须仍为国有资产，但是可以由各级地方政府经营。

第三节 国有资产

一、资产的概念和内涵

16 世纪，盎格鲁－撒克逊及古代法国出现了意思为“足够”的单词“asez”，这一意思又可以扩展为“有用及美好的东西”（李斌，2005）。后来，这一用语演变为英文中资产的单词“asset”。与资产有关的定义在经济学、法学以及会计学上均有定义。

经济学中资产的概念是一种广义的概念，即具有稀缺性的资源，这种资源具有内在经济价值，能为企业带来未来的经济利益，这种资源可以由一定时点一定数量的物资、财富或权力构成。经济学中资产具有三种特征（余永定等，2002）：一是效用性，即能够一定程度上满足人类的某种需求或需要，这是资产的第一要义和自然属性。二是稀缺性，即存在某种稀缺性，获取这种资源要付出一定的代价或成本，这是资产的社会属于。三是排他性，在经济学上只有具有排他性，才能为特定的主体所控制，才能成为某主体的资产。有关人类生存、生产和发展的资源，如河流、空气等不可或缺，但没有排他性，因此，不能成为某一主体的资产。法学中对资产的定义主要是以财产的所有权为核心，强调财产的法律形式，如无形物的知识产权、债券、对有形物的所有权等（李斌，2005）。企业的财产必须符合所有权要求，如融资租入资产在法律上的所有权，只能属于出租方，而不能属于租入方。萨缪尔森的产权观与法律上的产权类似，将抽象的权利视为资产，这种权利可以用于交换。

美国财务会计准则委员会和国际会计准则委员会分别在 1985 年和 1993 年对资产的定义进行了界定。美国财务会计准则委员会认为，资产首先是未来可能带来的经济利益，这一经济利益是由个体在发生的交易中获取的。未来可能的经济利益则是指这一资产或与其他资产结合，能带来未来正的现金流。国际会计准则委员会则指出，资产是企业通过交易控制的资源，这种资源能为企业获得经济利益。我国《企业会计准则》将资产定义为企业过去的交易或者事项形成的、由企业拥有或者控制的、预期会给企业带来经济利益的资源。

不同的主体对资产进行了不同的定义，这些定义和描述反映了资产至少三个方面的特征。首先，资产是通过交易形成的经济资源，这一交易过程是发生在过去，预期未来可能发生的交易不能形成资产，而且资产必须是现实存在的资产，预期中的资产不是资产。其次，资产必须有控制或有主体，这些主体包括自然人、法人或国家等。控制主要指在不享有资产所有权的情况下，该资产能为控制主体控制并且带来未来的受益。最后，资产能够带来未来预期经济利益的潜力，包括各种财产、债权和其他权利。如在企业中，这种潜力可以是日常的经营活动，能带来未来预期的经济利益，即能为企业带来现金或现金等价物的增加。这种潜力也可以来自非日常活动，带来经济利益的形式，可以是现金，也可以是现金等价物，也可以是能转化为现金或现金等价物，以及减少现金或现金等价物流出的形式。

二、国有资产

国有资产，顾名思义就是国家所有的资产。在我国现行体制下，国有资产有广义和狭义之分。

国有资产的广义理解，是指所有属于国家的财产，包括增量财产和存量财产，也包括各种自然资源财富（李新华、张树中，1993），即国家所有的全部财富。从这个角度出发，国有资产包括三类：第一类是国有经营性资产，主要指国家出资形成的企业及其收益；第二类是国有非经营性资产，包括国家出资形成的行政事业单位的资产；第三类是国家所有的资源性资产，如矿产、森林、土地以及水资源等（潘岳，1997）。按照资产价值运动方式的不同，国有资产可以分为国有流动资产和国有固定资产。依据企业经营范围、所属行业的不同，可以将国有资产划分为非金融性国有资产以及金融性国有资产。依据资产的外在形态来划分，国有资产可划分为实物形态和价值形态。

狭义的国有资产通常是指经营性国有资产，即国家作为出资者在企业中依法拥有的资本及其权益（潘岳，1997）。主要由三部分组成：（1）企业所有和使用的国有资产；（2）行政事业单位占有、使用的非经营性资产，通过各种形式为获取利润而转作经营的资产；（3）国有资源中投入生产经营过程的部分资产。

第四节　国有企业、国有资产与国有资本的关系

国有资本与国有企业、国有资产虽然都有“国有”二字，但三者的概念既有本质的区别，又相互联系。正确理解国有资本与国有资产、国有企业之间的区别和联系是准确认识和界定国有资本的重要前提。

一、区别

国有资本与国有资产、国有企业的区别主要表现在概念与内涵、表现形态以及运动方式三个方面。

（一）概念与内涵区别

国有资本、国有资产及国有企业三者在概念上区别明显。国有资本是指属于国家所有的资本，属于资本范畴，具有资本的根本特点即增值性，这是国有资本区别于国有企业和国有资产的根本所在。国有企业则是国家所有的企业，是企业法人，是经济组织，其主要目的是商品生产或提供社会服务。国有企业依据政府给予企业的权益和承担相应的义务又可以分为两类。一类以营利作为目的，其运作方式与一般企业无异，企业最终目的是追求利润，国有资本通常存在于这类营利性的国有企业中。另外一类并不将营利作为目的，而是提供社会公共物品或公共服务，在财务上接受政府补贴，无论经营结果是亏损或微利，如公共交通，这一类国有企业应该归类为事业，而非企业。但是，不论是营利性国有企业或非营利性国有企业，还必须承担实现国家对企业所规定的政策性目标。国有资产更多作为一种“物”的概念，广义的资产范围极广，包括国家依法拥有的各类自然资源，国家出资或拨款购买或投资形成的机关事业单位的各类物资等，国家对国有企业投资形成的机器、厂房、建筑物等生产经营所必须具备的物资等。

（二）表现形态区别

从企业财务和会计学角度来看，国有资本与国有资产表现形态分明。从企业资产负债表来看（见表2-1），左方资产包括流动资产、固定资产、无形资产、递延资产、长期投资以及其他资产。右方为负债和所有者权益，其中负债主要指，在规定的期限内，企业承担的需要偿付约定本息的合同义务。所有者权益即通常所说的资本，是投资者对企业剩余资产的索取权，或者称为投资所有的权益，包括对企业投入的资本、资本公积金、盈余公积金以及未分配利润等。三部分之间的关系即财务平衡公式：所有者权益＝资产－负债。对国有企业而言，国有资本是国家出资国有企业形成的所有者权益。国有资产则表现为国有企业拥有的各类不同形态的资产。国家是国有企业的出资人，拥有国有企业的所有权，而国有企业法人对企业资产拥有所有权，从而国家间接拥有对国有资

产的所有权。对于国家参与投资的股份制企业而言，其投资者通常包括国家、自然人或法人，国有资本则是该企业所有者权益中国家投入所占的资本比例或总额。

表 2-1　国有企业资产负债表

资产	负债及所有者权益
流动资产	流动负债
固定资产	长期负债
无形资产	负债合计
递延资产	投入资本
长期投资	资本公积金
其他资产	盈余公积金
—	未分配利润
—	所有者权益合计
资产总计	负债与所有者权益合计

国有资本是建立在现代公司制企业的理论基础上的。在现代企业制度中，公司的所有权与经营权分离，公司作为独立法人参与市场经济活动。出资者将现金、有形资产、无形资产等出卖后，同时失去了对其投入公司的出资资产的所有权（支配权），而获得作为出资人对公司的所有权益凭证，即股票或股权证，投资者依据股票或股权承担责任和获得资产收益、重大决策和选择管理者等权力。被投入公司则作为独立的法人，拥有对投入公司的各种资产的控制权和支配权。这些资产既包括由设备、材料、工具等动产和房屋、土地等不动产以及货币组成的有形资产，也包括企业名称、工业产权等无形资产。

（三）运动方式区别

增值运动是国有资本的根本属性之一，国有资本通过对企业的投资，形成企业各类资产，依据资本的经济权力对剩余价值进行分配，从而实现增值。其增值的方式主要是通过所投资企业价值的上升或企业盈利的增加。国有企业的运动主要是一种经济组织活动，即通过组织国家对企业投资形成的各类资产来生产商品或劳务，并不断提高生产率、降低单位产品成本、增强产品核心竞争力、提高市场份额等方式来实现企业营利，给投入企业的国有资本以回报。对于提供公共产品或服务的国有企业，其主要目标是完成政府政策目标，而并不以营利为目标，准确地说是一种以企业形式实现国家事业目标的方式。国有资产很大程度上来看是一种静态的“物”，而并不具有运动属性，是被动地被国有企业或政府部门进行资源配置的对象。

二、联系

国有资本与国有资产、国有企业最为直观的联系表现为均属于国家所有。除此之外三者之间还存在密切的联系。

国有资本与国有企业的联系主要是体现在与以营利为目的的国有企业之间的联系。以营利为目的的国有企业由国有资本投资形成。在计划经济时代，国有企业的所有权与经营权不分，国有企业经营通过接收政府行政命令的方式进行。国有企业的机器、厂房以及原材料等生产资料属于国有资产，同时也是国有资本的物资表现形态。

在现代企业制度下，营利性国有企业的所有权与经营权分离。国有企业的所有权属于全民，中央和各级地方政府依法代表国家履行出资人职责。国有资本通过投资形成国有企业的所有权或股权，国有资本则表现为国有企业的股权。国有企业则是独立的法人，拥有法人财产权。国有企业以独立的法人进行经营，通过投入企业的国有资本购买企业正常经营所必需的各类企业资产，如机器、厂房以及生产原料等，这些生产资料属于企业法人所有。

对于非营利性国有企业，其出资者为国家，但其目的并不是增值或营利，而是提供公共产品、服务或政府政策，是公共事业，这种类型的企业一般采取政府经营的方式。由于其资产由国家或政府出资形成，属于国有资产范畴。

从形成方式来看，国有资产在一定条件下可以转化为国有资本。例如，国家可以通过对土地、矿产等资源性国有资产的划拨作为对国有企业或股份制企业的投入，依据这些资产的经济价值形成对所投入企业的所有者权益，最终转化为股权形态的国有资本。

第三章 国企及国有资本改革历程

与私人资本不同的是，国有资本在表现形态上与国有经济管理体制相关。改革开放前期，我国实行高度计划的经济体制，国有企业是生产单位、行政单位以及社保单位，企业的色彩相对极为淡薄，国有资本主要是以生产物资等实物形态存在。改革开放以后，国家对国有企业的管理也沿着党政分开、政企分开、落实企业经营自主权的思路展开，重点是调整和改革国家与企业之间的关系，扩大企业经营管理自主权，实行经济责任制等，国有企业逐步转变为具有经济责任的主体。1992 年党的十四大以后，我国开始国有企业管理体制机制改革，相应地，国有企业逐步改变为现代公司制企业，国有资本的形态也发生了变化，由过去的实物形态逐步转化为公司所有者权益形态以及价值形态。不能将国有资本表现形态的转变与国有资产的流失等同起来。国有资本形态的转变是放弃资本的实物形态，获得资本的价值形态。国有资本从实物形态的管理转向价值形态的管理，有利于提高国有资本的灵活性，使国有资本能快速适应市场变化，增强国有资本的竞争力，提高经济效力。价值形态的国有资本能更为迅速地退出和进入相关产业，有利于发挥国有资本在国民经济结构调整中的引导作用。

第一节 计划经济体制下的国有资本形态

改革开放以前，我国实行高度集中的计划经济体制，通过各种途径，基本上实现了公有制的单一经济结构，绝大部分社会资本由国家所有。在这样的体制下，国营企业由分管工业各部门的各大部委管理，国有固定资产投资实行集中统一的管理，对主要的生产资料实行计划调拨、统一分配，对财政信贷实行集中统一管理，对国有企业的收益集中统一管理。虽然国营企业管理体制经历了 1958 年下放权限、1961 年上收、1970 年再次下放等多次改革（潘岳，1997），但改革的主线是以国营企业的管理权限在中央和地方政府之间的再分配，国有企业的经营方式和经营权限并没有根本性的变化。国有企业并非企业，而是全民所有制单一经济结构下的一种政府经济组织。这种组织既是生产单位，又是政府部门的行政单位和社保单位，国有资本主要以固定资产等实物形态存在。

一、我国国有资产的形成方式

我国国有资产的最初来源决定了建国初期我国的社会资本绝大部分为国家所有的特点。我国是社会主义国家，国有资产是在党带领全国人民经过不懈的斗争和艰苦的奋斗逐步积累的。建国初期，我国建立了生产资料公有制的社会主义国家。究其本源，我国国有资产主要来自四个途径。

（一）革命过程中兴办的企业

抗日战争和解放战争时期，为了保障军需民用，党领导人民兴办了一部分企业，这些企业主要是为战争服务的军事工业，虽然数量不多，规模不大，但是具有社会主义国家全民所有制的雏形。中华人民共和国成立后，这些资产转化为社会主义国有资产，成为国有资产的一部分。

（二）没收官僚资本

对官僚资产阶级的财产，主要是没收由国民党中央政府、省政府、县市政府经营的企业和国民党大官僚分子所经营的企业，包括工厂、矿山、商店、银行、仓库、船舶、码头、铁路、邮政、电报、电灯、电话、自来水和农场、牧场等。金融方面主要是由四大家族经营的中央银行、中国银行、交通银行和国民党省市地方银行系统共2400多家银行。工矿企业方面包括垄断全国纺织工业的中国纺织建设公司，国民党兵工系统和军事后勤系统所经营的企业，国民党政府交通部、粮食部和其他部门所办的企业，宋、孔家族和其他官僚的商办企业。合计共有工业企业2858个，职工129万（潘岳，1997）。在交通领域，接收了国民党政府交通部、招商局等下属的所有交通运输企业，总共包括20000千米铁路、4000多辆机车、47000余辆货车以及4000多辆客车。此外，还有修造船工厂、飞机等。商业方面包括复兴、富华、中国石油、中国盐业、中国进出口等十几家垄断性的贸易公司。同时，新中国政府还收回海关，统一管制对外贸易和外汇。通过官僚的没收，新中国掌握了全国一半以上的动力、能源、工业原料和将近一半的面纱产量，控制了全部铁路、大部分现代交通运输，控制了绝大部分银行业务。

（三）对民族资本主义的社会主义改造

中华人民共和国成立后，国家对民族资本进行了社会主义改造，主要采取的政策包括利用、限制、改造以及赎买。改造主要通过两步完成，第一步是对民族资本主义经济的改造，将其改造成国家资本主义经济，第二步再将国家资本主义经济改变为社会主义国营经济。到1952年底，基本完成了对私营银行、钱庄等私营金融业的改造。到1953年底，商业流通领域国营和供销合作社批发商业的比重已经达到70%左右。在对私营工商业改造方面，主要通过社会主义改造将其转变为国家资本主义。在对工业企业改造方面，主要方式有公私合营、加工订货、统销包销和收购经销等三种方式。在商业资本主义改造方面，主要有公私合营、代购和代销三种方式。随着对资本主义工商业改造的深入，国家开始对资本主义采取赎买方式进行国有化。在逐步将资本主义工商业改造为国家资本主义后，国家采取委托加工、计划订货以及经销代销等政策，把资本主义工商业的一部分乃至大部分利润转移到国营商业利润和国家收入。全行业公私合营后，对私营资本改为支付定息。到 1966 年，国家停止向私人资本支付定息，完成了对民族资本主义的社会主义改造。

（四）国家投资兴建

通过取缔、没收官僚资本、改造民族资本，我国初步建立起完善的国营经济体系，社会资本的绝大部分实现国有化，全社会资本和资产基本上实现国家所有。在逐步实现资本国有化的同时，国家开展了大规模的有计划的经济建设，投资新建工业企业和基础设施。新增的国有企业和其他资产，主要都是依靠国家单一主体投资新建而成。

1951 年 6 月 1 日，国家发布《关于国营企业清理财产核定资金的决定》。1953 年底，经过两年清产核资工作后，国营企业的资产核定完毕。不包括地方国营企业以及文委、军委、军工，我国流动资金总共是 15 亿元，固定资产原值是 223.6 亿元，经过折旧后净值为 158.9 亿元（潘岳，1997）。这是建国初期我国社会主义公有制主要的物资基础，初步形成了我国国有资本。1952 年，国营对外贸易占进出口总值的 93%，国营银行掌握了 99% 的银行存贷款。1956 年底，全国工业总产值中，国营工业占 67.5%，公私合营工业占 32.5%，在批发流通领域，国营、供销社经营和公私合营的比重达到 99.9%，在商品零售额中，国营、供销社经营的占 95.8%。

“一五”期间，国家开始建设一系列关系到国家经济命脉的项目。其中，国家预算内项目的投资额为 531.18 亿元，约占社会基本建设投资总额的 90.3%，由苏联提供援助和设计的的基本建设项目总共 156 个，5 年内投资总额达到 100 亿元（张卓元、郑海航，2008）。以固定资产为例，国有经济单位的固定资产占绝对比重。到“四五”时期（1975），工业领域中，全民所有制工业占全部工业固定资产的 97%，总产值的 86%，集体所有制工业占固定资产的 3%，总产值的 14%；农业领域中，耕地、排灌机械等生产资料 90% 为集体所有制，拖拉机、大畜牧 80% 左右为集体所有制；商业领域中，国营商店占商品零售额的 92.5%，集体所有制占 7.3%，个体商贩占 0.2%（胡培赵，1999，第 61 ～ 62 页）。到“五五”计划末年（1980 年），国营企业固定资产原值为 5311.1 亿元，净值为 3201.04 亿元。“五五”计划时期，国有经济单位固定资产投资总额为 3186.22 亿元，其中基本建设投资占 73.5%，更新改造投资占 26.5%，国有经济上交财政收入 4390 元，占同期国家财政收入的 86%。“六五”（1981 － 1985 年）时期全社会固定资产投资额为 7997.53 亿元，其中全民所有制单位固定资产投资额为 5330.47 亿元，占 66.7%，集体所有制单位固定资产投资额为 1012 亿元，占 12.7%，城乡居民固定资产投资额为 1655.06 亿元，占比 20.6%（见图 3-1）。

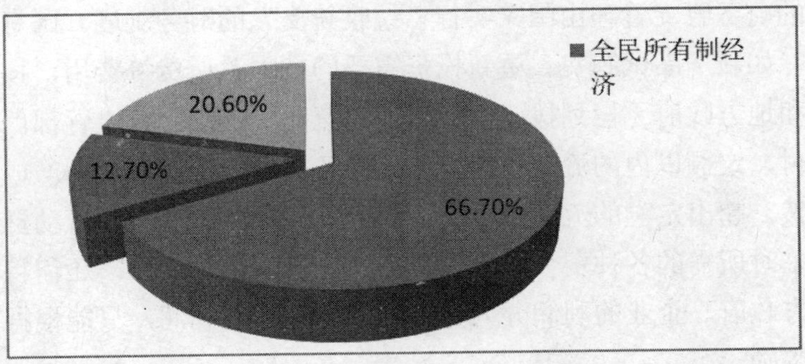

资料来源：《中国统计年鉴（1986）》

图 3-1　“六五时期”社会固定资产投资组成示意图

二、国有企业管理体制的特点

我国的国有企业管理体制是在集中统一管理基础建设项目的基础上建立起来的，其建立过程也是指令性计划经济模式形成的过程。从1956年起，随着社会主义改造的完成，指令性计划经济模式在我国形成并固定下来，这种模式在相当长的时间内是国家对经济宏观调控和微观经济运行的唯一模式。这种管理体制的特点就是国家拥有国有企业的资产，同时直接经营国有企业。因此，国有企业也被称为国营企业。国有企业的这种管理体制主要体现在计划、投资、财务、流通以及用工等多个方面。

国有企业在管理体制上的特点就是统一领导、分级管理。国有企业管理统一由中央领导，由中央（国务院各部门）和地方（省、自治区、直辖市）各级政府进行管理。在管理模式上主要有四种：一是由中央政府管理；二是以中央政府管理为主；三是中央政府和地方政府共同管理；四是以地方政府管理为主。到1957年，共有9300多家工业企业由中央政府或者各部门直接管理，数量上占国营企业总数的16%，工业总产值上约占50%。

在计划经济体制下，国家通过制订指令性计划对国有企业的生产活动进行管理，国有企业通过接受政府的计划指令安排企业的生产活动。国家对企业下达的计划指令包括产品指令，也包括企业的各项生产指标，包括总产值、产品质量、资金周转次数、工资总额、平均工资、劳动生产率和利润等指标。到1956年，由国家下达计划指令的产品共有380种，下达给企业的生产指标总共有12项。企业按照上级主管部门每年下达的年度计划指标编制季度计划，再按时向上级报批，经批准后才能执行。上级主管部门为全面掌握企业情况，制作了40多种报表，由企业及时填写上报。

在投资管理方面，国家对国有企业基本建设的投资权高度集权。基本建设投资基本由国家决定，国有企业没有任何投资决策权。以“一五”为例，全社会基本建设投资总额的90.3%为国家预算内投资。这些投资项目中，79%由中央政府直接管理，21%则由地方政府管理。此外，国家依据投资项目的投资额度进行了分级管理。投资额在500万的项目，审批部门为国家建设委员会，批准部门为国务院。投资额在300万～500万元的项目，审批部门为国务院相关部委以及各省（自治区、直辖市）人民委员会。

国有企业的财务收支管理由国家实行“统收统支”的财务制度。国有企业所需的固定资产购置费，如新产品试制费、更新投资需要的技术改造费等费用，按企业的隶属关系由中央政府和地方政府无偿划拨。企业所需的流动资金由企业主管部门和财政部门进行计划定额拨付，定额以内的流动资金，包括储备资金、生产资金和产成品资金，由财政部门无偿划拨。超出定额的流动资金则由银行发放贷款。非定额流动资金主要包括季节性的资金和临时所需的各种资金。企业除需向国家缴纳税款外，还需将利润的大部分上缴中央和地方政府。企业的利润分为计划利润和超计划利润，只能根据国家规定提取一定比例作为奖励。

在流通方面，国有企业生产所需的原材料和生产产品由国家实行“统购包销”的政策，由国家统一分配和统一定价。在计划经济模式中，企业的产品被视为物资。国家对物质的管理实行集中统一管理。1953 年开始，企业生产的物质被国家分为三类。第一类是最为重要的物质，也就是关系国计民生的物质，由国家统一分配。这种物质的数量由 1953 年的 112 种增加到 1981 年的 256 种。第二类由 37 个中央工业部门分配，数量从 1953 年的 115 种增加到 1981 年的 581 种。第三类物质由地方政府进行生产和销售管理，这类物质主要是易消耗和价值较低的物质。与物资管理体制相适应，在物资价格管理上，第一类和第二类物资按照国家规定的计划价格进行组织调拨，第三类物资的价格实际上由地方政府决定，企业无权定价。

在劳动工资管理方面，国家对国有企业用工进行统一分配和管理。企业员工招收必须经过上级管理部门的批准，由上级部门下达招工指标并指定招工的区域，企业按照上级批准的招工数量和指定的招工地区进行招工。企业的人员不能随意增加和减少，也不能辞退员工，员工一般只进不出。

中央政府的劳动管理部门对企业的工资进行集中管理。劳动部门按照产业和工种统一规定工资的等级，按照货币数额进行确定。工人依据所在领域的工资等级领取相应的工资数额。企业管理人员和技术人员则实行职务和职称工资，按照职务和职称的等级领取相应数量的工资。各级工资数量由国家统一规定。

三、国有企业的主要特点

在传统指令性的计划经济模式下，国有企业是生产单位、行政单位和社区单位。“企业虽然有技术上的边界，但没有真正经济意义上的边界。……中央是这个大工厂的管理总部，企业则是其中的车间或班组”[1]。企业既是产品的生产单位，接受政府的行政命令，同时还担负着企业员工的住房、医疗、子女教育等社会保障义务。

（一）生产单位

科斯在《企业的性质一文》中指出，企业的显著标志是它是价格机制的替代物，至

1　高海燕：《中国经济发展与公有制的变革及演化》，中国人民大学出版社，1993 年版，第 56 ～ 57 页。

于应该由企业协调生产还是由市场协调生产，取决于企业协调费用和市场交易成本的比较。企业的核心是取代市场发挥市场配置资源功能的一个经济组织，是生产、经营组织。企业发挥资源配置的功能，必须具有独立的决策、人事安排、资产处置等权力。

改革开放以前，由于我国实行高度的计划经济，并不存在市场。我国的国有企业也不具有企业所必须具备的决策、人事安排以及资产处置等权力，而这些权力属于政府所有。企业要生产什么、生产多少、怎样生产、为谁生产并不由企业决定，而是来自政府的指令性计划安排。企业只是按照政府的计划指令进行生产，而并不需要经营。生产和经营分开，生产由企业负责，政府解决经营任务。与之对应的是，企业并不是自负盈亏的经营实体，不需要进行严格的经济核算，收支由国家统一安排。

（二）行政单位

从与政府之间的关系来看，国有企业更直接地说是一个政府单位，是政府组成单位。行政单位从根本上看注重的是社会效益而非经济效益，而企业则是以经济效益为核心。政府为给国有企业下达生产指令，必须依据产品的供给与实际需求之间的相互关系信号。当某种产品供过于求时，政府便减少该产品的生产计划。当产品供不应求时，政府便增加该产品的生产计划。国有企业则依据政府指令进行生产，是政府指令计划的执行者。为了使国有企业有效地、不折不扣地执行政府政策，政府则从政策上对企业进行了约束，如收支上对企业实行统收统支，在生产资料上对企业统购统销，在信贷上实行统存统贷，在外贸上实行统进统出等。在企业经营权完全由政府控制的条件下，完成政府的各项指令成为企业的第一目标，企业完成指令的程度成为企业及其员工衡量业绩的标准。企业不追求经济利益，也没有脱离于政府指令之外的经营目标。因此，企业更直接地说是一个政府行政单位。

从政府对企业的人事管理来看也印证了企业是行政单位。直至目前，我国国有企业仍具有一定的行政级别。这些有着不同级别的企业又分别隶属于各级政府机关，如中央国营企业、省属国营企业、市属国营企业，依据企业的行政隶属关系，将企业又划分为中央国营企业和地方国营企业。政府在国营企业中的代理人，即厂长、经理则为“干部”身份，与企业的行政级别相对应，并可以与政府机关中相应级别的干部进行位置互换。

（三）社区单位

计划经济体制下，国有企业主要依据马克思、恩格斯有关国有企业的理论建立。依据这一理论，国有企业是实行劳动者和生产资料结合这种生产关系的组织形式。社会主义是充分就业社会，不存在工人失业的现象，国家对国有企业职工负有无限责任与义务。其结果是国有企业成为一个社保单位，肩负起职工社会保障、企业社区管理等无限责任。企业则通常被称为“单位”，企业职工则只进不出，终身就业，岗位则可以由子女继承，消除了企业职工及其子女失业的可能性以及失业救助的必要性。企业向职工提供医疗、养老、住房以及子女教育等社会服务，形成了以企业为中心，完善的社会保障体系。企业和职工的这种关系也凸显了职工几乎没有可能主动从企业退出。职工从企业的主动退出不仅意味着失去就业岗位，而且还意味着失去基本的住房、医疗等生存、生活条件。企业间职工的流动必须在政府或企业的同意下进行，岗位的轮换附带着企业间住房、医疗、养老等社会福利在内的流动。

除社会保障外，部分企业还承担了大量社会管理职能。如60年代为了战备需求，国家开始大规模的“三线建设”，在中西部地区建立了一批国有企业。由于所处地域偏远，这些国有企业实际上也承担了政府的社会管理职能，比如在企业中设立有公安、消防、法院等，企业的厂长或经理也成为这一地区的最高行政长官。

由此可见，计划经济时期，我国的国有企业承担了大量的社会保障和社区管理职能，是一个兼有生产、社会保障、社会管理的社区单位。

四、国有资本的主要存在形态

我国采取迅速国有化建立起了国民工业体系，这种政资合一、政企合一、管办合一的国有资本所有和经营体系有其特殊的历史背景和历史的必然性。建国初期中国经济极为落后，发展经济面临巨大的难题。经济的物资基础十分薄弱，缺少发展经济、开展工业化进程的主导力量，远远不具备启动工业化所必需的最低要求的资本积累（潘岳，1997，第144页）。只有国家才能承担发起、组织和领导国家工业化的历史责任和使命，国有企业的产生也成为必然：

第一，国有企业也是巩固新中国政权、稳定和发展社会经济的迫切需要；

第二，国有企业能迅速集中全国的经济要素，是尽快实现工业化的唯一选择；

第三，国有企业应对西方国家对我围堵的国际环境的需要；

第四，意识形体上对马克思理论的误解和组织形体上照搬照抄苏联社会主义模式（潘岳，1997，第533页；刘中桥，2000，第33～34页。）

在传统的计划经济体制下，并不存在法人财产，出资人财产与现行体制下的法人财产高度统一，是一种出资人财产和市场经济中法人财产高度统一的模式。国家对国有企业的所有和经营模式，以及国有企业存在的主要定位和职能决定了国有资本主要以实物形态存在，表现为国有企业的各种实物资产由国家所有，国家可以对其进行支配。国有企业形式上是独立的企业法人，但实质上并不是，企业并不拥有自己独立的资产，对国有资产也只有有限的支配权。与之相适应地，国家对国有资本的管理也采取了实物管理的方式，即只注重资本实物形态和数量的管理，国有资本主要以实物形态存在。

第二节　国有企业改革探索时期的国有资本形态

1978年12月，党的十一届三中全会作出重要决定，将党的工作重点转移到社会主义建设上来，自此，我国进入经济体制改革的时期，开始逐步建立社会主义以有计划的商品经济为特征的经济体制。从1978年到1992年党的十四大召开这一时期，国有经济的改革是在恢复性整顿的基础上，转向以国有企业改革为中心。国家对国有企业的管理也沿着党政分开、政企分开、落实企业经营自主权的思路展开，重点是调整和改革国家与企业之间的关系，扩大企业经营管理自主权，实行经济责任制等。具体形式上，则是扩大国有企业的自主经营权，在国有企业推行经济责任制，分两步利改税，企业固定资产投资“拨改贷”。

一、国有企业改革的主要途径

1979年7月，国务院颁布了《关于扩大国营工业企业经营管理自主权的若干规定》、《关于国营企业实行利润流程的规定》、《关于开征国营工业企业固定资产税的暂行规定》、《关于提高国营工业企业固定资产折旧率和改进折旧费使用办法的规定》、《关于国营工业企业实行流动资金全额信贷的暂行规定》等5个文件，拉开了扩大企业经营自主权改革的序幕。1980年8月，国务院批准了国家经委《关于扩大企业自主权试点工作情况和今后意见的报告》，规定企业有权销售超产的产品及新产品的开发，可以实行浮动定价，企业对留成资金的使用具有充分的权力。1981年－1984年10月党的十二届三中全会之前，对国有企业改革主要从两方面进行，一方面是改革企业的领导制度，另一方面是在国有企业实行经济责任制。

（一）扩大国有企业经营自主权

1978年10月，四川省选择重庆钢铁等6户重点地方国有企业，在全国率先进行“扩大企业自主权”的试点，拉开了国有企业改革的大幕。此次试点的主要内容包括四个方面：一是对每个企业分别核定利润指标；二是对企业当年的增产增收目标进行规定；三是在完成年度生产计划后，允许企业留存少量利润；四是允许企业发放少量奖金。

随着试点的深入，试点企业范围逐步扩大。四川省的试点企业由最初的6户工业企业增加到100户工业企业以及40户国有商业企业。1979年5月，国务院选取了首钢等8户企业，决定扩大国有企业经营管理自主权的试点。1980年1月，国务院对国营工业企业的利润留成进行了调整[1]，主要内容包括：一是改变过去全额利润留成方式，改为基数留成加增长留成；二是对国有企业基数利润留成比例进行了调整；三是对不同行业

1　《关于国营工业企业利润留成试点办法》，1980年。

的国有企业分别按不同的利润留成比例执行；四是对企业技术利润留成比例的确定方式做了改进，采用自下而上，逐级核定的方式确定；五是对工业企业提取利润留成进行了限定，企业必须首先完成产量、质量、供给和利润，只有在完成的前提下才能提取利润留成；六是技术利润留成资金，按月提取，对于完成计划的月份，可按规定提取，没有完成计划的月份，按 80% 的比例预提；七是对于提取的留成利润，按照职工奖励基金、职工福利基金、市场发展基金的比例分别进行管理。

（二）分两步利改税

1983 年，我国国有企业收入分配制度改革正式开展，以进一步理顺国有企业和国家的关系，更好地发挥税收在国民经济中的调节作用。这次改革分两步，主要目的是改革国有企业上缴利润的模式，将国有企业需要上缴的利润改为国家规定的税种和税率上缴，税后的利润由企业自行支配。通过利改税的方式逐步将国家与企业之间的分配方式固定下来。利改税分两步进行：

第一步采取利税并存的方式。1983 年 1 月，国务院决定开始实行利改税的办法[1]，具体的做法是：企业保留按销售收入为依据计征的各种工商税，将基数利润的大部分转变为企业所得税，对于有利润的国有大中型企业根据实现的利润，按 55% 的税率征收企业所得税。税后利润国家与企业根据不同的情况按规定分配。对于亏损的国有小型企业给予补贴，对于有利润的企业则征收企业所得税，税率依据为八级超额累进税率。国有企业税后留利要建立各种基金，包括职工奖励基金、职工福利基金、后备基金以及新产品试制基金等。

第二步利改税从 1984 年 9 月起开始实施[2]，从税利并存过渡到完全以税代利。将原来的工商业税按照纳税对象，划分为产品税、增值税和营业税等，增加资源税、城市维护建设税、房产税、土地使用税和车船使用税等税种。企业税率以上年实现的利润为基数进行核定，上年的利润在扣除各种税费后作为基期的利润。对于国有小型营利企业，在按照八级超额累进税率缴税的基础上，由企业自负盈亏。通过利改税改革，国家用税的形式把与企业之间的分配关系确定下来。

通过利改税确定的国家与企业间的分配制度，使得国家与企业之间的关系变得规范，较好地解决了企业吃“大锅饭”的问题，为进一步改革国有企业，落实企业的主体责任提供了必要条件。但是，由于改革的外部体制不配套等问题，也出现了“鞭打快牛”等负面现象（张卓元，2008）。

（三）基本建设投资“拨改贷”

基本建设投资“拨改贷”就是把企业用于基本建设投资的资金由改革前的财政拨款改由银行贷款，将改革前无偿使用的资金变为有偿使用。“拨改贷”是为了加强基本建

1　《关于国营企业利改税试行办法（草案）的报告》，1983 年。
2　《关于在国营企业推行利改税第二步改革的报告》，1984 年。

设管理，提高投资效益，调动各企业的主动性和积极性。1979年8月，国务院规定[1]：凡是实行独立核算的企业，只要具有还款能力，都可以贷款，包括交通运输、畜牧、工业、旅游、水产和农垦等行业在内的所有企业，由建设银行负责办理基础设施贷款业务。中央一级贷款基金的资金来源于国家财政的基本建设投资预算拨付。地方的基本建设贷款基金由地方财政自行筹资解决，一般来源于地方政府的机动财力。

1984年12月，国家计委、财政部和建设银行[2]决定从1985年起，凡是由国家预算安排的基本建设投资全部由财政拨款改由银行贷款，并实行2.4%～12%不等的差别利率，对逾期还本付息分别采取惩罚措施。1985年，国家预算内投资386亿元，改为贷款为368亿元，占95.3%。“拨改贷”得到全面施行。

（四）探索国有企业经济责任制

与企业经营自主权的扩大相适应，企业的责任也逐步扩大，国有企业先后探索实施多种形式的经济责任制。

1981年10月，国务院从原则、目标和形式等方面对企业经济责任制作了详细的规定[3]。经济责任制的根本原则是国有企业要先完成国家的指令计划，产品的质量有保障，产品的成本不断降低，上缴利润能保持逐年增长。在达到这些目标的基础上，企业可以增加职工的收入。经济责任制的主要目标是通过处理好企业与国家、企业与职工之间的不同层次的责、权、利关系，来解决企业经营质量问题，改变过去职工干好干坏一个样的弊端。在实行经济责任制的形式上，国家采取了三种形式：一是利润留成和包干；二是企业的营利、亏损包干；三是用税收代替利润。一年后，全国80%以上的国有企业实行了各种形式的经济责任制。

对部分骨干企业和铁路、航空、军工、电力等行业的企业，实行了企业国家所有，经营由部门或国家经营。工商企业的绝大部分实行了全面所有，企业经营。1984年底，国有商业企业实行经济责任制，改为“企业”经营的数量有46589个。除这些企业外，部分企业实行全民所有，由企业承包经营。少数大型骨干企业则实行利润递增包干，如首都钢铁等。部分国有小企业则实行由全民所有，经营方式则由实行承包或租赁经营，集体和个人都可以成为承包者。到1984年底，国有小型商业企业由个人承包或租赁经营的有5917个。此外，还将部分国有小企业转为集体所有制，1984年底，国有工业企业比上年减少3000多个，国有商业企业转为集体所有制的有5554个。

经济责任制为国有企业实行承包经营、促进企业经营权与所有权适度分离起到了一定的促进作用。1986年，国务院提出[4]在大中型企业中推动多种形式的承包经营责任制。1987年3月《政府工作报告》提出，要把国有企业改革的重点放到完善企业经营机制上，根据所有权与经营权适当分离的原则，认真实行多种形式的承包经营责任制。在《政府

1　《关于基本建设投资试行贷款办法的报告》和《基本建设投资贷款试行条例》，1979年。
2　《关于国家预算内基本建设投资全部由拨款改为贷款的暂行规定》，1984年。
3　《关于实行工业生产经济责任制的意见》，1981年。
4　《关于深化企业改革增强企业活力的若干规定》，1986年。

工作报告》的推动下，承包制在全国掀起了热潮。承包制的具体形式有多种，每种内容有差别。归结起来，主要有以下几种形式：（1）双保一挂——保利润、保技改，工资总和与利税挂钩；（2）上交利税递增包干；（3）上交利润基数包干，超收分成；（4）行业投入产出包干等。1988 年，国务院发布《全民所有制工业企业承包经营责任制暂行条例》[1]，进一步规范了国家与企业的责权利，明确了“包死基数、确保上交，超收分成、欠收自补”的基本原则，使承包制走上了法制的轨道。到 1988 年底，即全面推行承包经营责任制后 20 个月，我国国有企业的承包比例，独立核算企业达到 80% 以上，预算内企业达到 90% 以上，其中，大中型企业比例达到 95%。

（五）完善企业承包经营制

七届人大一次会议通过并于 1988 年 8 月 1 日起实施《中华人民共和国全民所有制工业企业法》（以下简称《企业法》），确立了国有企业的法律地位，使国有企业应有的权利受到法律保护。该法规定了国有企业 6 个方面的权利：一是规定了在国家保持企业财产全民所有权条件下，企业对经营管理的财产拥有占有、使用和处分的权利；二是对企业 13 项经营自主权进行了规定；三是规定了企业的法人代表——厂长，厂长依法行使企业的生产指挥权、经营决策权和人事决定权；四是规定职工参与民主管理是我国基层民主制度建设和企业经营管理体制的重要组成部分；五是对企业党组织职能进行了明确，企业党组织不同于地方党委的政治领导作用，党委在企业主要履行监督职能；六是国家授予企业经营管理的财产和企业的合法权益不得侵犯，受法律保护。因《企业法》部分规定过于原则化，国务院于 1992 年又出台了《全民所有制工业企业转换经营机制条例》，弥补了其不足。《企业法》实施满三个月后，《中华人民共和国破产法（试行）》（以下简称《破产法》）开始试行。但在当时的历史条件下，由于国有企业破产涉及职工的安置、银行不良债权损失、破产财产变现难、配套立法不足等多种障碍，使国有企业破产难度大增。针对这些问题，各地也相应地建立了相关的破产机制，企业破产数量也大增，1993 年破产案件为 710 件，1994 年为 1625 件，1995 年增加到 2200 件，1996 年前 9 个月就达 3662 件。

由于《企业法》对国有企业经营管理的财产依法享有的占有、使用和处分等各种权利的规定过于原则，以及宏观经济形势的恶化，《企业法》并没有得到有效实施。一方面，《企业法》过于原则化的规定使得国有企业实际运营过程中仍受政府较为严重的干预。另一方面，1988 年、1989 年通货膨胀率达到 18.8% 和 18.0%，党中央和国务院开始了为期 3 年的经济整顿，即整顿经济环境、整顿经济秩序。基于这两方面的原因，《企业法》被束之高阁，《企业法》所规定的国有企业的权利没有有效得到维护，政府对企业经营的干预依然严重，政企分开成为空谈，国有企业的改革也被暂停。

在邓小平南巡讲话精神的鼓舞下，国有企业改革重新启动。为提高企业经济效益，增强企业活力，有效落实《企业法》，国家体改委会同国务院经贸办、国务院法制局，

1 《全民所有制工业企业承包经营责任制暂行条例》，1988 年。

与厂长、经理以及经济学家、法学家、政府部门多次讨论协商。在此基础上，国务院于1992年7月颁布了《全民所有制工业企业转换经营机制条例》（以下简称《条例》），进一步规范细化了国有企业的经营权利。首先，在国有企业经营权问题上，《条例》罗列了企业自主经营决策权所需享受的14项自主权[1]。除此以外，国家体改委在关于《条例》的说明中特别指出，“关键是落实生产经营决策权、投资决策权、产品定价权、进出口权、人事劳动权、工资奖金分配权”。此外，条例对承包制中的负盈不负亏的主要问题给予了充分的重视。一是强化厂长（经理）对企业盈亏的责任，根据企业业绩好坏对厂长（经理）给予相应的奖惩。二是强化了企业利润上缴和欠收自补的责任。三是强化了企业对潜在亏损应承担的责任，情节严重，可以依法追究厂长（经理）的责任。四是强化企业的分配约束责任。

《条例》的颁布实施一度掀起了国有企业转机建制的热潮，但并没有达到预期的效果。首先，《条例》仍处于承包制的框架之内，没有从根本上跳出放权让利的总思路，更多地是对已有的承包制框架的修补。其次，由于外部市场环境和政企的紧密关系，政企分开并未取得突破性进展，下放给企业的自主权并不能得到有效实施。据一些典型调查表明，在《条例》规定的企业14项自主权中，真正能够落实的只有3～5项，有些根本没有下放，或者下放过程中层层截留，出现下放过程中的政策效力递减，或者即使下放给企业，企业也不敢用（潘岳，1997，第242页）。

二、国有资本的存在形态

这一时期，国家对国有资产的管理逐步由过去对企业生产物资的统一管理转变到对承包企业整体的管理，国有企业也成为初步具有经济行为的主体，国有资本的形态也逐步由过去的企业各类生产物资转化为国有企业。这一阶段，国家对国有企业的改革沿着党政分开、政企分开、落实企业经营自主权的思路逐步展开，就国家与企业之间的关系进行了较为深刻的调整。国家改变前一阶段通过统收统支、统购统销、统存统贷等管理企业的方式，通过税收、贷款、利润分成等方式逐步扩大企业经营自主权，减少行政干预，使国有企业逐步成为经济主体。与前一阶段相区别的是，国家管理的主要对象是国有企业，而不是国有企业进行生产所必需的各种生产资料。因此，国有资本的形态也逐步由过去的生产物资逐步转变为国有企业。

这种改革是在有计划的商品经济体制背景下进行的，对国有企业的改革仍具有很强烈的计划经济特征。作为改革的重要形式，承包经营责任制一定程度上促进了企业行为的合理化，使国有企业成为一个初步具有经济行为的主体。但由于承包经营责任制仍然是在传统计划经济体制框架下对企业经营行为的一种探索，较改革之前并没有根本性的改变。这也为下一阶段建立现代企业制度的改革埋下伏笔。

1　包括：生产经营决策权，产品、劳务定价权，产品销售权，物资采购权，进出口权，投资决策权，留用资金支配权、资产处理权，联营、兼并权，劳动用工权，人事管理权，工资奖金分配权，内部机构设置权，拒绝摊牌权等。

第三节　现代企业制度下国有资本形态

1992 年 10 月，党的十四大提出了“建立社会主义市场经济体制”的经济改革总体目标。这标志着中国经济体制改革进入一个全新的历史时期，国有企业改革也随之进入一个新的阶段。党的十四大确立了国有企业改革的基本思路，即依据政资分开、政企分开的原则，将国有资产所有权管理职能从国家社会经济管理职能中分离出来。十四届三中全会明确，国有企业改革的方向是建立“产权清晰、权责明确、政企分开、管理科学”的现代企业制度。以此为指导，我国国有企业开展了一系列改革，包括产权改革、建立现代企业制度等，国有资本的形态逐步由国有企业演变为国有企业的权益以及价值形态。

一、国有企业改革的思路及方式

1992 年 5 月，国家体改委会同有关部门陆续公布了《有限责任公司规范意见》、《股份制企业试点办法》、《股份有限公司规范意见》以及股份制企业财会制度、人事管理制度等 14 个引导股份制试点健康发展的配套文件，为股份制改革提供了方向。此后，我国国有企业改革主要遵循政企分开、政资分开的主要思路，在国有企业中建立现代企业制度，采取“抓大放小”的方针从战略上对国有企业涉及行业和领域进行了改组，明确了国有企业需要进行重点控制的行业和领域。与此同时，社会主义市场经济体制的逐步建立也为国有企业的改革创造了良好的外部条件。

（一）建立现代企业制度

1993 年，以理顺企业产权关系为核心，中央和各地采取多种形式进行企业股份制试点，股份制试点取得了重大进展。截至 1993 年底，我国股份制企业总数为 11489 家，股本总额达到 3396.66 亿元，其中国家股占比为 36.7%，总额为 1247.6 亿元，法人股占比 43.6%，总额为 1479.6 亿元（张卓元、郑海航，2008），上市公司的数量由年初的 52 家增加到年末的 182 家。

1995 年，国家体改委选择了 100 家不同类型和功能的国有企业作为现代企业制度建立试点，各省市也分别配套选取了 100 家企业开展试点工作。试点工作的主要内容包括六个方面：一是完善法人制度；二是确定国有资产投资主体地位；三是确定公司组织形式；四是建立科学规范的内部组织管理机构；五是改革劳动人事工资制度；六是健全财务管理制度。随着试点工作的逐步展开，国有企业进行现代企业制度的改革取得了重大进展。到 1997 年上半年，地方试点的 2343 户企业中，改造为股份有限公司、有限责任公司以及国有独资公司的企业分别有 540 户、540 户和 909 户，307 户尚未完成改造（李铁映，2000）。1997 年党的十五大以后，党中央多次提出，要用三年左右的时间，在大多数国有大中型骨干企业中初步建立现代企业制度。20 世纪末，这一目标基本实现。

根据国家统计局调查总队对全国 4371 家重点国有企业的跟踪统计，到 2001 年底，已有 3322 家企业进行了公司制改造，占比 76%，改制企业中有限责任公司和股份有限公司占改制企业的 74%（于克信，2004）。

（二）对国有企业进行战略性改组

伴随着现代企业制试点的不断深化，以“抓大放小”为特征的国有企业战略性重组使得国有企业涉及行业和领域不断优化。“抓大放小”就是抓好国有大型骨干企业，放开国有小企业，通过承包、租赁、出售等方式放开国有小企业。1996 年 6 月，国家体改委[1]对 1992 年以来国有小企业承包、租赁、出售以及进行股份合作制的经验，决定将小企业进一步推进市场。根据这一决定，山东诸城、广东顺德以及四川宜宾等地率先开展大胆实践，迅速掀起国有小企业的产权改革高潮。

与此同时，国家也集中力量“抓大”，对一批大型企业和集团集中力量进行改革，采取大公司、大企业的发展战略。1997 年党的十五大报告提出从战略上调整国有经济的布局和抓大放小的方针，提出了国有经济需要主要控制的领域和行业，包括：提供重要公共品和服务的行业，自然垄断行业，涉及国家安全的行业等。1997 年 5 月，国务院[2]提出了中国经济结构调整的重点环节：建立企业集团和母子公司体制，以资本为纽带建立现代企业制度，强化母公司的功能建设，依托大型企业集团。1998 年 3 月，国家体改委[3]明确规定了母公司的构建、母子公司体制的规范以及母子公司组织形式等。

1999 年，国有企业战略性改组进程加快，大型企业的公司制改造进一步规范，对一批大型企业进行了规范的公司制改造。520 家国家重点企业中的大部分完成了公司制改革，初步建立了现代企业制度。同年 9 月，党的十五届四中全会[4]召开，提出要对国有经济布局进行战略调整，推进国有企业的战略性改组，提高国有经济的控制力。会议明确指出，国有经济要在关系国民经济命脉的重要行业和关键领域占支配地位。此后，在铁路、电力、石油石化等关系国计民生的重要行业和关键领域，国有资本进一步集中，国有经济的结构和布局进一步优化。

2003 年，国务院组建国有资产监督管理委员会，管理由原中央企业工委移交的 196 户中央企业。同年，党的十六届三中全会提出进一步增强国有经济控制力，推动国有资本投向关系国家安全和国民经济命脉的行业和领域。2006 年底，国资委[5]对国有资本应重点控制的行业和关键领域以及重要企业的重组目标进行了进一步的明确。通过联合、兼并、改组等多种方式，国有企业逐步向上述重要行业和关键领域集中，央企数量由 2003 年的 196 家减少到 2007 年初的 157 家，至 2012 年 9 月，央企数量进一步减少到 117 家（祝和良，2013）。

1　《关于加快国有小企业改革的若干意见》，1996 年。

2　《关于进一步深化和扩大大型企业集团试点的意见》，1997 年。

3　《关于企业集团建立母子体制的指导意见》，1998 年。

4　《中共中央关于国有企业改革和发展若干重大问题的决定》，1999 年。

5　《关于推进国有资本调整和国有企业重组的指导意见》，2006 年。

（三）完善现代企业制度

在党的十六大精神的指导下，国有企业的改革进一步深化和完善，新的国有资产管理体制建立，国有企业的公司治理结构日益完善，企业现代产权制逐步建立。

1．建立新的国有资产管理体制

2002 年，党的十六大报告重点关注国有资产管理体制改革，提出了比较彻底而又稳妥的方案。新国有资产管理体制进一步明确了国有资产的所有权和地方政府的权利，其要点有三：一是坚持国家所有制，国有资产的所有权统一归国家；二是明确了中央和地方政府代表国家履行出资人职责；三是规范了中央和地方政府的职责范围，即享有国有资产的所有者权益，权利、义务和责任相统一，对国有企业实行管人、管事和管资产相结合。随后，2003 年 3 月，新的国有资产管理机构——国有资产监督管理委员会由十届全国人大一次会议批准成立，并撤销了管理国有企业的部门，取消了各部委管理国有企业的权利。2003 年 5 月 27 日，国务院[1]明确了国有企业进行国有资产管理与财务管理的主要内容和目标。到 2004 年底，全国 31 个省（直辖市、自治区）和新疆建设兵团国有资产监督管理机构全部组建完毕。中央、省、地（市）的国资监管机构没有行政隶属关系，上级政府的国资委对下级政府的国资委主要进行工作指导和监督。与此同时，国有资本经营预算制度以及国有资产监管的法律体系逐步开始完善。从国务院国资委的工作职能来看，在完善国有资产监管方面，国务院国资委工作的主要内容包括 4 个方面：一是对重要企业负责人的薪酬进行规范，规定中央企业负责人的薪酬要与企业经营业绩挂钩[2]；二是完善对中央企业的考核体系；三是启动中央企业人事制度改革；四是实行外部董事占多数的新董事会制度试点和中央企业经营预算制度。

2．完善股份制和建立现代产权制度

按照党的十六大和十六届三中全会[3]部署，我国国有企业开始完善股份制并逐步完善现代产权制度，公有制的实现形式也不断丰富，企业的改制进一步深化。总结起来，主要包括 3 个方面：一是要积极推动国有企业股份制改造，使股份制成为公有经济的主要实现形式，少数必须由国家经营的领域可以保持国有独资；二是大力发展国有资本、集体资本和非公有资本等参股的混合所有制经济；三是在国有企业建立现代企业制度，使得国有企业产权归属清晰、权利和责任明确、产权保护严格以及产权流转顺畅。通过这一系列的改革不断增强公有制经济的活力和竞争力。

在国家总体部署下，我国国有企业进行的改革主要模式有：一是在国有中小企业中进行股份制和股份合作制改造；二是对部分中小国有企业进行企业管理层收购（MBO）；三是在部分企业可以试试管理者持股；四是对垄断行业进行分拆，在此基础上实施产权多元化改革。这一阶段，国有企业的改革有力地推动了企业产权制度的建立和完善，但由于在改革的过程中，各种规章和制度还并不完善，产权转让过程中出现了诸多不透明、

1　《企业国有资产监督管理暂行条例》，2003 年。
2　《中央企业负责人薪酬管理暂行办法》，2004 年。
3　《中共中央关于完善社会主义市场经济体制若干问题的决议》，2003 年。

不规范的现象，导致国有资产流失现象较为严重（张卓元，2008）。2005年，国务院国资委出台了对管理者收购的“五条禁令”，对产权转让行为进行了规范，防止了国有资产的进一步流失。

3．完善国有企业治理结构

2004年6月，国务院决定选择部分中央企业开展建立和完善国有独资公司董事会试点工作[1]，并对国有企业外部董事的任职条件进行了规范[2]。到2006年底，进行董事会试点的国有独资公司共19家，另外，由17家启动试点工作。

二、国有资本的存在形态

现代企业制度下，国有企业以所有权、经营权彻底分离为特征，成为市场独立的法人主体。国有企业所有者与企业行使不同的权利并承担相应的义务。国有企业的所有者——国家依据出资额和股东权利享受国有企业经营的重大决策权、资本收益权和选择管理者的权利，并对企业债务按出资额的比例承担有限责任。国有企业则在其存续期间，拥有独立的法人财产权利，对国家出资形成的企业法人财产拥有占有、使用、处置和收益的权利。企业以全部法人财产进行经营，经营者受所有者国家的委托经营企业的各项资产并获取收益。国家对国有企业的投资最终形成国有企业的股权、股份等权益形式。通过现代企业制度的建立，国有企业的所有权以股权的形式存在。我国国有资本的形态也有由过去的实物形态、国有企业等形态逐步过渡到法人企业的所有者权益形态或者股权的形态存在。

1　《关于中央企业建立和完善国有独资公司董事会试点工作的通知》，2004年。

2　《国有独资公司董事会试点企业外部董事管理办法》，2004年。

第四章 国企类型划分及国有资本范围

准确界定国有资本范围，必须以科学、准确划分我国国有企业类型为基础。计划经济时期，我国追求的是纯而又纯的公有制经济，其特征是将多元所有制结构改为单一的公有制经济，从分散经营走向高度集中统一的国家经营。国有企业是生产单位、行政单位和社保单位，国有企业覆盖经济社会的方方面面，同时也是全体中国人民共同创造、积累的财富。改革开放以后，我国对社会主义市场经济的认识逐步深化，经济制度由单一的公有制逐步转变为以公有制为主体、多种所有制经济共同发展。与此同时，我国政府的职能也逐步转变，由过去大包大揽、统一包办逐步转变为与中国特色社会主义市场经济相适应的政府职能。政府职能的实现需要有与之相适应的企业来提供公共服务，弥补市场失灵。从我国国有企业的发展及其覆盖范围来看，我国的国有企业既包含了实现政府职能在内的国有企业，也包括了实现政府政策目标的政策性企业，同时也包括了参与市场竞争的国有企业。我国并不能将所有的国有企业都纳入国有资本范畴，只能将具有资本增值属性的国有企业纳入资本管理范畴，因此，对国有企业必须以资本属性和非资本属性为主要依据来划分其类型。

第一节 划分国有企业类型的依据

在我国，国有企业分布于国民经济的各行各业，范围极为广泛，不同行业的国有企业具有不同的特点。根据国有企业所在的行业及不同的特点，我国的国有企业可以分为多种类型。董辅礽（1995）根据国有企业参与市场竞争的方式，将国有企业划分为非竞争性和竞争性国有企业，其中非竞争性国有企业主要是指为实现社会目标的企业和自然垄断行业企业。杨瑞龙等（1998）根据市场化程度的大小，将国有企业划分为三类：一类是垄断性国有企业；一类是生产公共产品的国有企业；一类是具有竞争性的国有企业，又分为大中型和小型竞争性企业。张淑敏（2000）根据规模的大小差异、提供产品的性质对国有企业进行了分类。蓝定香（2006）依据产权的性质对国有企业进行分类，认为公共领域的国有企业应建立特殊的产权制度，而非公共领域的国有企业应建立多元产权结构，达到所有者之间相互制衡的目的。高明华（2013）在划分垄断性、公益性和竞争性国企的基础上，进一步提出将垄断性国企进行划分，根据自然垄断和稀缺资源垄断的不同特点采取不同的改革和治理方式。高文燕、杜国功（2013）从影响力、控制力和活力三个维度出发，构建了国有企业分类的三力模型，并将国有企业分为国家安全类国有企业、公共保障类国有企业和市场引导类国有企业三类。刘纪鹏、赵晓丹（2013）认为应将国有企业划分为公益类企业和营利性企业两类。黄群慧（2013）提出了基于“使命”的国有企业分类改革，认为使命是企业存在的理由，是企业的价值取向和事业定位，企业运行有其基本的逻辑，这就是企业的使命决定了企业的战略定位，企业的战略定位决定了企业的战略内容，企业的战略内容决定了企业的组织结构，企业的组织结构决定了企业的运行效率。根据这一逻辑，国有企业可以划分为公共政策性企业、一般商业性企业以及特定功能性企业三大类。

上述国有企业类型的划分与基于资本属性的国有企业划分具有一定的联系，但又不完全一致。从以资本角度对国有企业类型的划分必须在我国国有企业形成及特点上，结合资本的属性与以政府的关系进行，以政府的部分公共服务属性、政府的公共政策实现属性以及国有资本的增值属性为依据对我国国有企业进行划分。

一、政府的公共服务属性

政府的公共服务属性是指政府有义务为社会提供各类基本的公共服务、公共产品等公共物品，如基础设施、教育、医疗、文化、安全和社会秩序等。无论是西方资本主义政府，还是中国特色社会主义市场经济下的我国政府，为社会提供公共服务是政府的重要职责。政府通常会成立具有政府背景的企业，为社会提供公共产品和公共服务，以实现政府的公共服务职能。政府的公共服务属性应作为划分国有企业类型的依据之一。

（一）西方经济学中政府公共职能

西方经济理论认为，由于市场本身存在公共产品、外部性、垄断、逆向选择以及信息不对称等一些不可克服因素，因此在某些领域，仅靠市场无法实现资源的最优配置，客观上需要政府来代替私人资本，弥补市场失灵。因此，政府有弥补市场失灵、向社会提供公共产品等职责。和市场调节一样，政府干预也是调节经济运行的重要手段。政府干预经济运行能够发挥独特的作用，实现特定的经济社会目标。通常的情况下，政府会直接投资创办企业对经济运行进行干预，以弥补市场失灵和提供公共产品。对于市场能调节的领域，政府则鼓励市场竞争。

古典经济学所主张的自由主义经济并不是不需要重视政府的作用，而是限定了政府发挥作用的领域和方面。政府必须发挥适应产业资本发展的职能，要在基础设施建设、教育、宗教、司法和军事领域发挥应有的职能。亚当·斯密认为君主应履行三项基本职能为自由市场经济提供规则。这三项职能包括对外交往、对内秩序维护和提供公共产品。通过对外交往保护国家不受外界的破坏和侵犯，对内维护秩序保护社会成员不受侵害，提供经济发展所必需的基础设施等公共产品。斯密及其追随者仍确信市场是万能的，政府的经济职能仅限于市场失灵的公共产品领域。

到 19 世纪下半叶，出现了社会福利的思想，认为国家的职能一方面要维持社会秩序和保障安全外，另一方面还要为社会大众提供文化和福利，从而进一步推进了国家干预经济理论的发展。20 世纪初，西方经济学出现了一个重要分支——福利经济学。其代表人物庇古认为，在完全竞争的市场中，社会资源能够得到最优配置，消费者能够满足最大效用，实现“帕累托最优”状态。但在现实生活中，由于边际社会净产品与边际私人净产品差异的存在，以及由于边际社会成本与边际私人成本差异的存在，均会妨碍国民产品的极大化，从而影响社会总经济福利的增进。因此，国家在客观上需要对经济运营进行干预，力求达到资源的最优配置，尽可能维持社会福利的最大化，保持经济运行的效率和效益。

20 世纪 30 年代，凯恩斯需求理论的出现，为国家干预经济提供了宏观经济理论依据。这一理论具有里程碑的意义，甚至被称为经济学上的“凯恩斯革命”。凯恩斯的“有效需要”原理认为，社会的总需求水平决定了社会的就业水平，有效需求的不足导致了失业的存在。有效需求不足主要是由于国民收入不能全部转化为有效需求。这一现象的出现主要受三个因素的影响：一是边际消费递减的倾向，二是资本的边际效率会发生递减，三是流动性偏好的影响。由此，凯恩斯认为资本主义爆发经济危机、工人不能充分就业而导致社会动荡的根本原因是有效需求不足。为保持经济的出清，必须要有足够的有效需求。而刺激有效需求的最佳手段，就是运用国家一般公共权力，采取财政政策而非货币政策，调节国民收入再分配，增加投资，弥补私人市场有效需求不足，从而实现总体需求与供给的平衡。

凯恩斯之后，其追随者进一步发展了其国家干预主义理论。以萨缪尔森为代表的新古典综合派认为[1]，在现实世界中，经济不可能完全由“看不见的手”主导，市场经济会受到信息不完全性、外部性等因素的影响，这些因素直接导致了污染、失业和两极分化等负面现象。因此，不论什么政府，也不论奉行什么样的执政理念，都会对经济进行干预。现代经济中，政府必须针对市场机制的缺陷肩负起许多职责和任务，如国防安全、社会治安以及气象服务等领域，再比如对宇宙的研究、航天技术以及科学研究等，如果没有政府的大力支持，将寸步难行。政府还会通过各种手段调节收入分配，如对银行等行业进行监管，对另外一些行业进行补贴，对高收入人群征高额的税，对穷人和老人进行补贴等。

萨缪尔森指出，市场经济特别是古典市场经济原理中的“看不见的手”具有一定的适用范围和现实局限性，其缺陷主要有以下几方面：一是由外部经济造成的“市场失灵”，这种外部性独立于市场机制之外，是市场机制本身无力解决的问题；二是市场力量不能够解决公共产品的生产问题，一方面无法满足公共利益的需求，另一方面造成社会资源的浪费；三是无法解决基于天赋能力、生存环境等先天差别造成的贫富悬殊和分配不均，社会公平无从实现；四是不能解决市场秩序问题，市场竞争加剧引起资本的积累和集中，从而导致垄断，而垄断程度越高其抑制竞争的倾向也越强，对市场机制的破坏作用也越大；五是市场于生产结构的调整需要较长时间，落后于经济发展的需求；六是市场调节

1 萨缪尔森、诺德豪斯：《经济学》（第十六版），华夏出版社， 2002 年版，第 27 页。

是一种事后调节，对国民经济的整体效率有较大影响。正是由于“市场失灵”的存在，引出了国有资本存在的必要性，也引出了对国家干预经济理论的进一步发展。

20 世纪 80 年代中期，新凯恩斯主义开始在西方经济学界迅速崛起。新凯恩斯主义代表人物斯蒂格利茨对国家干预理论做出了积极的贡献。首先，他将西方国家的经济发展模式总结为国家干预与市场机制相结合。斯蒂格利茨认为，完全竞争只是一种经济学理论上的假定，并不存在于现实经济中，现实中市场更多的是不完全竞争市场。信息不充分、不完全竞争以及外部性等因素必然会导致“市场失灵”。市场机制不能发挥作用的地方，必须通过政府调节来弥补。政府对经济的作用是长期存在着的，也是多方面的，如纠正“市场失灵”，维护经济运行的秩序，保障经济平稳运行，调节经济行为的外部性，决定公共产品和服务的生产与分配等。政府与市场对经济发展的作用是同时存在的，其作用相互补充。因此，市场经济的理想模式是强大的政府和发达的市场同时存在，互为补充。其次，斯蒂格利茨对国家干预和调节经济的方式做了总结：一是通过建立法律框架维护社会经济活动和市场的正常秩序；二是对经济外部性进行调节和弥补，尽力减少负的外部性，如环境污染，合理扩大正的外部性，如发明创造；三是组织公共物品的生产和供给，并使之得到合理使用，尤其是提供生活所需的水、电、城市公交等公共物品和公益服务。

（二）社会主义市场经济下的政府公共职能

计划经济时期，我国国有企业承担了大部分的公共服务职能，国有企业既是生产单位又是行政单位，同样也是社会保障单位。改革开放以后，政府的职能与国有企业的关系进一步明确，政府很大一部分公共服务职能通过国有企业向社会提供，国有企业同时也承担了一部分的社会公共服务职能。随着我国社会主义市场经济体制的逐步建立，我国政府的职能也相应地进行了调整和完善，逐步由计划经济时期的全能型政府转变到与社会主义市场经济体制相适应的政府。党的十八大提出，政府职能应朝三个方向转变，分别是创造良好发展环境、提供优质公共服务、维护社会公平正义。党的十八届三中全会进一步指出：“政府的职责和作用主要是保持宏观经济稳定，加强和优化公共服务，保障公平竞争，加强市场监管，维护市场秩序，推动可持续发展，促进共同富裕，弥补市场失灵。”[1] 进一步概括，我国政府的主要经济职能为“宏观调控、公共服务、市场监管、保障公平”，其主要任务就是提供公共产品和服务、维护市场秩序以及弥补市场失灵。

二、政府的部分公共政策实现属性

与政府的公共服务属性相类似的是政府的部分公共政策实现属性。政府部分公共政策实现属性是指政府需要实现的部分政策中，不能通过行政命令的方式来实现，而必须通过对特定国有企业实行特许经营或专营的方式来实现政策目标的一种政策实现方式。需要实现的这一类政策不能归结为政府提供公共产品或公共服务的职能，其职能一方面是为了达到国家的某一政策目标，保证对社会公众整体利益的保障等，另一方面是为了

1　《中共中央关于全面深化改革若干重大问题的决定》，2013 年。

调节特定的市场或者是弥补某一方面的市场失灵而可能造成的较为严重的后果，如各种物资储备公司，政府通常对这一类国有企业制定具体的政策目标并依据政策目标进行考核，对企业是否营利并不作为严格的考核目标。

三、国有资本的增值属性

国有资本的增值属性也是对国有企业类型进行划分的重要依据之一。我国国有企业的发展和改革经历决定了有相当一部分国有企业是参与社会主义市场经济的主体，其参与市场的核心目的是通过市场行为获取利润，并保证企业的不断发展壮大，已经具备了资本不断运动和增值运动的属性。国家通常会对一些企业赋予一定的政策目标，但政策目标的实现通常处于从属地位，而且政策目标的实现必须以企业的营利、发展壮大为基本前提。同时，作为国有资本的所有者代表，政府也需要这类国有企业在市场活动中为社会提供更多、更好的私人物品和服务，为社会提供就业岗位，通过不断的增值运动获取的利润来为社会保障、公共财政、社会公共品的生产提供资金支持。因此，国有资本的增值属性必须作为划分国有企业的重要依据之一。

第二节 国有企业的类型划分

依据政府的公共服务属性、政府部分公共政策的实现属性以及国有资本的增值属性，我国的国有企业可以划分为公益性国有企业、政策性国有企业和营利性国有企业三类。这三类企业分别具有不同的特点及功能。

一、公益性国有企业

公益性国有企业是为社会提供公共物品或准公共物品的企业，其主要目标是实现政府的部分公共服务职能。公益性国有企业是保证社会公众的公共利益实现的一种手段和工具，其分类依据是政府的公共服务职能。公益性国有企业通常并不以营利为目标，有些甚至以亏损为目标，如提供公共交通服务的国有企业等。公益性国有企业一般为特殊法人或者是政府组成部门，通常为国有独资企业，法律上一般界定为国家法人，公益性国企的经营者一般纳入国家公务员体系或者是参照国家公务员体系，其薪酬、级别待遇等参照公务员体系。公益性国有企业通常具有公营企业（钱津，2009），或者西方国家的政府企业的特征。

公益性企业（政府企业）具有多方面的特点。首先，也是最为根本的，公益性国有企业是为了实现政府的公共服务职能。政府企业不以营利为目标，有些企业甚至以亏损为目标，以接受政府补贴维持企业运营。其次，政企不分是政府企业形式上的主要特点。政企不分是公益性国有企业的主要特征。世界上的大多数国家的公益性企业的共同特征是政企不分，即企业都必须服从政府的安排，由政府控制，不具有独立的经营自主权，主要负责人必须由政府进行任命。例如，美国公营企业的负责人由国会批准，总统任命。最后，政府企业的经营范围、设立与注销会随着政府职能的改变进行相应调整，其具体实现形式也可以多种多样。

我国政府经营的公益性企业属于国有企业范畴。由于公益性企业主要由政府投资而成，按照谁投资谁所有的原则，许多国家公益性企业由政府所有。各级政府投资形成的公营企业由各级政府所有（钱津，2009）。与其他国家不同的是，我国的公益性国有企业或者是公营企业的所有者都是国家，因为这些企业都是在我国单一的公有制经济向社会主义市场经济转变中由国有企业演变而来，其类型的变化也是随着计划经济时期和社会主义市场经济时期依据政府职能改变而进行分类的，而且中国特色社会主义国家的政府是全民政府，其所有权理应为国家所有。

根据公共产品的特点，公益性国有企业主要集中于公共物品的供给领域，对于集中于这些领域的国有企业应划分为公益性国有企业。公益性国有企业的经营范围通常是关系国计民生却又难以营利的领域，其产品主要是提供公共物品，主要职责则是实现政府所提供公共服务的职能。根据公共物品的特征，公益类国有企业主要集中于两类。一类是向全体公民免费提供的纯公共物品的领域，如国防、公共安全、公共道路、污染控制等领域。这些领域通常属于政府职能范围，有些则以企业化方式运行。政府的职能主要是尽可能地预测社会对纯公共产品的实际需求，并按照社会福利最大化的原则，向公众免费提供。另一类是向全体公民收取一定费用的准公共物品，如文化设施、城市公共交通、教育以及医疗等领域。对于集中于这些领域的国有企业，应划分为公益类国有企业。这一领域的国有企业通常具有自然垄断性，如电力输送网络、天然气管道、自来水管道、铁路运输网络以及水利等基础设施。对于提供这些准公共物品的领域，国有企业通常情况下由政府直接任命企业负责人，并规定其任期内应完成的政策目标，企业在既定的目标约束下选择最优经营方式，政府对国有企业进入或退出准公共物品领域实行严格的行政控制并控制企业的收入分配，对于亏损的企业通常予以财政补贴以保证企业的正常运行。

二、政策性国有企业

政策性国有企业划分的依据是政府部分政策实现属性。政策性国有企业通常是国家为了实现某一特点领域的特殊政策目标而建立的。这类国有企业并不向社会提供公共物品，而是为了实现某一领域的政策目标，一方面是对特定市场进行调节，另一方面是为了弥补某一方面的市场失灵可能造成的严重后果，以保证社会公众整体的利益。这一类企业的考核目标最终以政府规定的政策目标为考核指标，企业利润只作为参考指标，必要的情况下政府对亏损企业提供应有的补贴。

政策性国有企业主要分为两类。一类是生产专业专卖品的国有企业，这类企业通常具有高度行政垄断的特征，出于各种原因一般禁止私人企业进入，如造币、烟草、盐业等领域的国有企业，如中国印钞造币总公司、中国烟草总公司、中国盐业总公司。另一类是为了确保人民基本生活而设立的各种物资储备公司，如粮食、棉花及肉类储备公司，这类公司设立的目的是对市场进行一定程度的调节，保证人民群众生活所需的基本商品价格稳定，避免市场剧烈波动对经济社会造成的损害，如中国储备粮管理总公司、中国储备棉管理总公司等。

三、营利性国有企业

营利性国有企业划分的依据是国有资本的增值属性。对于我国国有企业，除上述公益性国有企业和政策性国有企业之外，其他企业都应视为以营利为目的的国有企业。营利性国有企业是我国分布领域最为广泛的企业类型，也是进行资本化管理的主要对象。营利性国有企业最为主要的特点就是以营利为目标，其使命就是为了实现国有资产的保值增值，通过不断的资本增值提高生产效率，扩大国有资本的规模，通过市场手段不断扩大国有经济的影响力和控制力。

对于通常意义上的垄断国有企业，只要企业以营利为目的，则应划归为营利性国有企业。在对国有企业的划分中，通常还有垄断性国有企业与竞争性国有企业之分（张仲秋，1998；张政军，2013；高明华、杨丹等，2014）。对于国有企业的垄断性与竞争性，应客观地予以认识。垄断是经济领域中独占或排斥、限制竞争者的状态或行为，企业通过获得市场中的支配地位获取超过评价水平的收益。一般认为垄断分为自然垄断、经济垄断和行政垄断三种不同的类型。自然垄断是指对关系公共利益的有限资源（设施）的独占与经营。经济垄断是指在竞争领域中，企业以竞争优势形成垄断地位或寡头垄断状态。行政垄断通常指政府机构利用行政权力在某一经济领域形成垄断状态，但是具有行政背景的经济体是获得只要不排斥竞争，就不是垄断。在市场经济条件下，通过竞争、淘汰和兼并，趋向于形成经济垄断。根据垄断行业的特点和战略重要性，我国垄断国有企业大体可以做如下分类（高粱，2012）：一是网络型的行业，也就是“自然垄断”行业，如铁路网、电力供应网、电信网络以及油气管网等；二是承担公共服务的组织网络，如邮政网络；三是稀缺战略资源行业，如石油、贵金属以及其他稀有金属等，通常对特有矿藏的排他性占有、使用是生产经营的前提，具有一定的自然垄断性；四是关系国家安全的战略性行业，如民航、军工以及金融等。对于这些垄断性国有企业，如果企业是以营利为目的，则应将相应的国有企业划分为营利性国有企业。

由于我国国有企业数量庞大，在实际的划分中，必须认识到国有企业的复杂性以及国有经济发展的特征。所谓的复杂性，主要是指在实际的类型划分中，很少有企业完全单独满足其中某一类条件，或者公益性企业、或者营利性企业。有些国有企业主要是以营利为目的，但是其业务范围内，又存在提供公益服务的业务板块。而另外一些企业，从企业主体业务来看，属于公益类企业，但其业务中又存在着部分赢利的特性。因此，现实中国有企业类型划分必须充分考虑这些复杂的情况，尽可能的对企业做出深入研究，将具有三种不同类型特征的企业业务进行分离，如主要以营利为目的的企业，应剥离出其公共服务业务等，使企业的划分尽量能完全满足三类企业的标准和条件。

此外，对于三类企业的范围，也不能一概而定，必须以发展的方法进行看待。对于政府的公共服务范围，也是随着社会的发展而不断变化的。以往的公益类国有企业，有可能成为现阶段或今后的营利类企业，以往的营利性企业，也可能因为政府职能的变化而转化成公益服务类企业。例如，我国的电力类企业，由以前的电、网合并经过改革发展为电、网、售分离等。因此，从企业划分的实践上，必须从发展的角度以及政府职能的完善等角度来准确界定三类企业应包括的范围。

以国资委管理的 113 家中央企业为例（见表 4-1），依据上述划分依据，应划分为公益性国有企业的中央企业包括国家电网公司以及中国南方电网有限责任公司，应划分为政策性国有企业的包括中国储备棉管理总公司和中国储备粮管理总公司，对于其他企业，则可以划分为以营利为目的的企业。依据我国学者的分类研究，这些企业包括“特定功能企业”32 家（黄群慧，2013），其中十大军工企业和中国商用飞机有限责任公司等国防军工板块 11 家，三大石油公司、六大电力公司、中广核集团和国家核电等能源板块 11 家，三大航空公司、三大电信公司、华孚集团以及中国海运和中远集团等其他板块 9 家，其余的为一般商业性企业，包括 12 家科研企业、17 家综合服务贸易企业、

22 家工业制造企业、7 家建筑工程企业和其他剩余企业。在这些企业中，既包含国家安全类企业，又包括市场引导类国有企业（高文燕、杜国功，2013）；既包含垄断性国有企业，又包括竞争性国有企业和不完全竞争性国有企业（刘鹏，2012）。

表 4-1　国资委管理的中央企业名录[1]

序号	企业（集团）名称	序号	企业（集团）名称
1	中国核工业集团公司	59	中国煤炭科工集团有限公司
2	中国核工业建设集团公司	60	机械科学研究总院
3	中国航天科技集团公司	61	中国中钢集团公司
4	中国航天科工集团公司	62	中国冶金科工集团有限公司
5	中国航空工业集团公司	63	中国钢研科技集团公司
6	中国船舶工业集团公司	64	中国化工集团公司
7	中国船舶重工集团公司	65	中国化学工程集团公司
8	中国兵器工业集团公司	66	中国轻工集团公司
9	中国兵器装备集团公司	67	中国工艺（集团）公司
10	中国电子科技集团公司	68	中国盐业总公司
11	中国石油天然气集团公司	69	中国恒天集团有限公司
12	中国石油化工集团公司	70	中国中材集团有限公司
13	中国海洋石油总公司	71	中国建筑材料集团有限公司
14	国家电网公司	72	中国有色矿业集团有限公司
15	中国南方电网有限责任公司	73	北京有色金属研究总院
16	中国华能集团公司	74	北京矿冶研究总院
17	中国大唐集团公司	75	中国国际技术智力合作公司
18	中国华电集团公司	76	中国建筑科学研究院
19	中国国电集团公司	77	中国北方机车车辆工业集团公司
20	中国电力投资集团公司	78	中国南车集团公司
21	中国长江三峡集团公司	79	中国铁路通信信号集团公司
22	神华集团有限责任公司	80	中国铁路工程总公司
23	中国电信集团公司	81	中国铁道建筑总公司
24	中国联合网络通信集团有限公司	82	中国交通建设集团有限公司
25	中国移动通信集团公司	83	中国普天信息产业集团公司
26	中国电子信息产业集团有限公司	84	电信科学技术研究院
27	中国第一汽车集团公司	85	中国农业发展集团总公司
28	东风汽车公司	86	中国中纺集团公司
29	中国第一重型机械集团公司	87	中国外运长航集团有限公司
30	中国机械工业集团有限公司	88	中国中丝集团公司
31	哈尔滨电气集团公司	89	中国林业集团公司
32	中国东方电气集团有限公司	90	中国医药集团总公司
33	鞍钢集团公司	91	中国国旅集团有限公司
34	宝钢集团有限公司	92	中国保利集团公司

1　国务院资产监督管理委员会网站，http://www.sasac.gov.cn/n1180/n1226/n2425/。

（续表）

35	武汉钢铁（集团）公司	93	珠海振戎公司
36	中国铝业公司	94	中国建筑设计研究院
37	中国远洋运输（集团）总公司	95	中国冶金地质总局
38	中国海运（集团）总公司	96	中国煤炭地质总局
39	中国航空集团公司	97	新兴际华集团有限公司
40	中国东方航空集团公司	98	中国民航信息集团公司
41	中国南方航空集团公司	99	中国航空油料集团公司
42	中国中化集团公司	100	中国航空器材集团公司
43	中粮集团有限公司	101	中国电力建设集团有限公司
44	中国五矿集团公司	102	中国能源建设集团有限公司
45	中国通用技术（集团）控股有限责任公司	103	中国黄金集团公司
46	中国建筑工程总公司	104	中国储备棉管理总公司
47	中国储备粮管理总公司	105	中国广核集团有限公司
48	国家开发投资公司	106	中国华录集团有限公司
49	招商局集团有限公司	107	上海贝尔股份有限公司
50	华润（集团）有限公司	108	武汉邮电科学研究院
51	中国港中旅集团公司	109	华侨城集团公司
52	国家核电技术有限公司	110	南光（集团）有限公司
53	中国商用飞机有限责任公司	111	中国西电集团公司
54	中国节能环保集团公司	112	中国铁路物资（集团）总公司
55	中国国际工程咨询公司	113	中国国新控股有限责任公司
56	中国华孚贸易发展集团公司		
57	中国诚通控股集团有限公司		
58	中国中煤能源集团有限公司		

资料来源：国务院资产监督管理委员会网站。

国务院资产监督管理委员会网站在营利性国有企业划分过程中，应注意剥离出营利性国有企业中的公益性和政策性职能，纳入公益性国有企业和政策性国有企业的业务范畴。同时应将公益性国有企业和政策性国有企业中以营利为目标的业务进行剥离，纳入赢利性国有资本范畴。

从分类的结果可以看出，除了少数公益类国有企业以及政策性国有企业外，绝大部分应划分为盈利性国有企业。对于盈利性国有企业，目前情况看来，有一部分企业还承担着国家的使命，如国防军工板块的11家企业，均不同程度地承担着国家国防军工科技、装备等的研发、试制等使命，但同时又具有营利性。对于类似的企业，仍然必须以国有资本保值增值的标准来对待，国家可以通过这些企业国有资本所占股份的大小以及必要的补贴等经济、立法等手段，来协调其营利的目标以及与国家目的的矛盾冲突。

第三节　国有资本的范围界定

依据政府的公共服务属性、政府部分公共政策实行属性以及国有资本的增值属性对国有企业进行合理的类型划分后，我国国有企业的分类管理以及国有资本的范围界定变得非常清晰。对于公益性的国有企业和政策性的国有企业，因其与营利性的国有企业属于不同类型的企业，其具体运作方式也不同于国有资本的运作方式，因此，不在本文的具体讨论范围内，本文仅对其进行简要叙述。

对于公益性国有企业，通常采取国有独资形态，不以营利为目的，以向社会提供公共物品为主要目标，实现政府的公共服务职能，同时部分企业会因政策性亏损接受财政补贴。其主管部门主要为政府部门，或者财政部门，或者国有资产监督管理部门。公益性国有企业既可以以企业形式运营，也可以作为政府的组成部门，企业财务应保持透明，纳入政府公共预算，接受公众监督。公益性国有企业只占国有企业总量很少的一部分。对于政策性国企，其主管部门主要为政府部门。政策性国企通常以企业形式存在，参与市场活动，将其纳入国有资产监督管理部门管理较为合理。政策性国有企业在国有企业中也只占很少的一部分。

除公益性和政策性国有企业之外，我国的大部分国有企业为营利性国有企业，这一类国有企业应纳入国有资本的范围。这一类国有企业是构建国有资本运营体系的对象和主要内容，也是本论文讨论的重点。这一类企业数量庞大，大部分已经完成股份制改造，国有企业产权已经较为清晰，政府作为国有产权的所有者代表已经不存在理论上和制度上的障碍。在社会主义市场经济条件下，成立国有资本运营，由国有资本运营公司对国有企业的股权进行经营管理成为必然。

第一，我国社会主义市场经济制度日趋完善，为国有资本运营公司的成立提供了良好的外部环境。在国有企业产权以及国有资本的所有者代表清晰的前提下，我国的国有资本主要表现为营利性国有企业的产权或股权，对国有企业的管理完全可以由过去的管人、管事、管资产的模式过渡到管股权的模式。

第二，通过国有资本运营公司直接管理和经营国有企业的股份是有效解决政企分开、政资分开的途径。政企分开、政资分开的核心是政府作为社会公共管理者职能以及国有资本、国有企业所有者代表职能的分离。国有资本运营公司是国有资本运营的微观市场主体，直接持有国有企业的股权或股份，采取市场化的方式运作，是连接政府国有资本监管部门与国有企业之间重要的中间环节。国有资本运营公司成立后，政府国资监管部门将不再直接持有国有企业股权，不直接干预国有企业的日常运营，将通过对国有资本运营公司的监管来保证国有资本的保值增值。

第三，国有资本运营公司的成立是发展混合所有制企业、拓宽社会资本投资渠道的重要前提。混合所有制企业发展的重要前提是构建国有资本的市场运营主体，而国有资本运营公司正是充当国有资本的市场运营主体这一角色。同时，国有企业股权的出售为社会资本投资提供了渠道。社会非国有资本参股国有企业后，国有企业将变成混合所有制企业，其国有股权将由国有资本运营公司进行管理。

第四，国有资本运营公司有利于提高国有资本的经营杠杆，较快地实现国有资本在不同行业之间的配置。在保持对混合所有制企业控股或绝对控股的前提下，部分国有股权出售给社会资本既不影响企业的控制权，又引入社会资本进入。对于不需要国有资本介入的行业，则可以通过出售国有股权完成退出。对需要国有资本进入的新行业，通过对已成立企业的股权收购可以快速实现国有资本对该行业的进入。

第五，国有资本运营公司的成立有利于破解国有企业高管行政待遇问题。国有资本运营公司将具有完备的公司治理结构，公司的董事会、监事会将由政府派驻，公司再通过董事会以市场化的方式聘请公司的职业经理人，对公司高管人员也将实行市场化的管理，而不必许以行政级别或行政待遇。

在国有资本运营公司管理国有企业股权的基础上，我国的国有企业也将逐渐由纯而又纯的 100% 股权归国家所有的国有企业逐步演变为由国有资本和非国有资本共同出资的混合所有制企业。

第五章 国有资本运营机制的经验借鉴

从国内看，北京、上海、深圳、重庆等省（市）构建了符合各地特点的国有资本运作模式，并积累了一定的经验。从国际看，其他国家或地区在国有资本运作过程中，也经历了类似的发展阶段，并且已经具备了一套较为成熟的运作机制。因此，归纳分析国内、外国有资本运营机制的建设经验对于我们研究国有资本运营机制创新具有极为重要的参考价值。

第一节 国有资本运营的国内经验

截至目前，北京、上海、深圳、重庆等地的国有资本运作模式较为典型，国有资本运营效率较高，尤其是在国有资本运营的顶层设计、公司结构治理以及人事安排等方面具有较为成熟的做法。

一、北京模式：国有资本证券化

近十年来，北京成立国有资产经营公司，作为重大项目建设的承担者和经营者，集中发展金融服务业、科技和现代制造业、文化创意产业、城市功能区开发和环保新能源等领域；组建国有资本经营管理中心，以国有资本经营和国有股权管理为重点，以国有资本的证券化和价值最大化为目标，定位为实现北京市委、市政府战略意图的产业投资平台，以市场方式进行资本运作的融资平台，推动国企改革重组、实现国有资本有序进退的产业整合平台，持有整体上市或主业上市企业的股权管理平台，为企业实施债务重组以及解决历史遗留问题的服务平台；相继建立出资人制度、产权代表制度，完善企业资本金注入机制，试行稽查特派员制度，健全和规范监事会制度。党的十八届三中全会后，进一步提出：组建若干国有资本运营公司，支持有条件的国有企业改组为国有资本投资公司，最终形成国资委、资本运作平台和企业的三层架构，力争近两年内取得突破性进展。

按照不同的功能定位，将市属国企分为城市公共服务类、特殊功能类和竞争类等三类进行试点改革。城市公共服务类主要包括公交、地铁、自来水、排水等，承担提供公共产品或服务，保障城市运行安全。特殊功能类主要承担市政府赋予的专项任务和重大项目，这一类企业是阶段性的。竞争类企业是以资本效益最大化为主要目标，努力成为国际国内同行业中具有核心竞争力和品牌影响力的企业，分为战略支撑企业和一般竞争性企业。

调整国有资本发展方向，更多投向符合首都城市性质和功能定位的重要行业和关键领域，原则上 60% 的资本集中到城市公共服务和特殊功能领域，竞争领域以战略支撑企业为主。对于国有资本继续控股经营的自然垄断行业，实行以政企分开、政资分开、特许经营、政府监管为主要内容的改革，根据不同行业特点实行网运分开、放开竞争性业务。

支持具备条件的企业发展混合所有制，一级企业发展混合所有制要实现突破，重点推动企业股权多元化，支持市属国企与中央企业、中关村企业、区县企业加强合作，相互参股。探索实行员工持股，形成资本所有者和劳动者利益共同体，发展非国有资本控股的混合所有制企业。

对市属国企人员进行分层分类管理。国资委负责对国有独资、控股的经营层进行管理，但选聘尽量进行市场化。对完全竞争的混合所有制企业，国资委只管股权代表，经理层将加大市场选聘力度。同时，对经营者建立长效激励和分类考核办法。

二、上海模式：组建国有控股公司

20 世纪 90 年代，随着百联集团和锦江国际两大企业集团重组拉开帷幕，上海国有资产国企改革新思路逐渐清晰。即以控股公司改革为重点分三步走：调整组织结构进行改制实现产业布局重构。最初作为股份公司与国资委中间隔离屏的国有控股公司经过 10 年发展，其作用已经发生变异，成为了改革的重点，首先对其进行战略定位，再找战略投资者，考虑国有资产进退和在行业中的比重，然后考虑产权结构，最终通过消除国有资产、国企两张皮的现象来实现控股公司的改革。这基本勾勒出上海国有资产改革的路线图：第一步是对市国资委授权经营的包括经委系统 11 家、商委系统 7 家、建委系统 10 家、外经贸委 5 家企业在内的市属 39 家集团公司进行重组，实现组织结构调整；第二步是进行改制，即通过产权多元化，从源头上遏制内部人控制现象；第三步是加快产业调整步伐，以经济发展战略为目标，实现不同产业的国有资产布局。

百联模式从某种意义上说成为上海国有资产改革的趋势，打破了上海国有资产条块分割的局面，以行业为主线，将各部门的资源整合在一起，共同联合打破了行业壁垒。2004 年，电气（集团）总公司、农工商（集团）总公司、汽车工业（集团）总公司等国有控股公司和大企业集团顺利实施重组。国有资产通过重组有进有退，合理流动。十八届三中全会后，上海进一步深化国有资产改革，提出国有资产国企改革 20 条。这是自 1993 年、2008 年以来的第三次大规模国有资产改革。其核心内容：

通过推进企业上市发展规范运营、建立公开透明规范国有资产流动平台、调整优化国有资产布局结构、健全完善国有资本收益保障机制等，加快国有资产与产业联动调整，优化国有资产布局和结构。

通过明确功能定位实施分类管理、规范设置法人治理结构、推进市场化导向的选人用人和管理机制、完善注重长效的分配机制等，分类完善治理结构，建立市场化的选人用人和激励约束机制。

通过支持企业跨国经营参与全球资源配置、构建支持企业跨国经营服务机制、增强创新动力实现转型发展等，鼓励企业立足本土融入全球，提高国际竞争能力。

为推动国有资产监管向管资本为主转变，在国资委和国有企业之间添加一层，即运营平台、投资平台、流转平台等国有资产平台，以代表国资委对国有资产国企履行权利。

三、深圳模式：发展混合所有制

1987 年 7 月，深圳市率先成立了全国第一个国有资产管理专门机构——市投资管理公司。1993 年 9 月，深圳市国有资产管理委员会成立；同时，设立了市属企业国有资产管理办公室，作为国资委的常设办事机构。1994 年 8 月，市国资委决定将深圳市建设（集团）公司改制成与市投资管理公司性质相同、机构相平行的资产经营公司——深圳市建设投资控股公司，并将已核定的国有净资产授权给建设投资控股公司。为了实现政企分开，市政府 1996 年把国有资产办和投资管理公司彻底分开，在投资管理公司之外新建投资控股公司和商贸投资控股公司。从 2002 年起，为了减少管理链条和提高监管经营效率，市政府同意深圳集团公司等 5 家经营效益好的国企开展国有资产授权经营试点，至此基本形成了国有资产管理的三层构架，即第一层次是市国资委及其办公室，其性质是政府机关，行使国有资产监管和制定国有资产经营政策；第二层次是 3 家国有资产经营公司和 5 家授权经营公司；第三层次是 3 家国有资产经营公司下属的国企和 5 家授权经营公司下属的国企。

但随着经济的发展，三层次管理模式的不足也开始暴露，主要是效率问题。为此，深圳市成立了国有资产监督管理委员会。它替代了国有资产经营公司的职能，从而使“三层次”管理体制向“两层次”的管理体制转变。自此，国资委不仅要监管企业中的经营性国有资产，还将承担对行政事业性国有资产的监管责任，从而彻底结束政府职能部门办企业的现象。2005 年 8 月，国务院国资委批复 18 家公司原由 3 家深圳市属国有资产经营公司持有的国家股，全部划归实际控制人深圳市国资委。

十八届三中全会后，深圳又提出以打造“开放性国资”和“创新型国企”为目标，开展新一轮国有资产监管改革：

（1）大力开展资本运作和资源整合重组，力推股权多元化，积极发展混合所有制经济。目前 20 家市级直管企业中，11 家企业通过国际招标招募、债转股、引入优秀民营战略股东等方式实现产权主体多元化；剩余 9 家独资公司，有 5 家 90% 以上的核心资产和业务均在所属上市公司和股份公司，纯独资公司仅地铁、免税、粮食和远致 4 家，主要承担政策性业务和平台功能。

（2）优化国有经济布局，打造以基础性产业为主体、金融准金融等现代服务业和战略性新兴产业为两翼的特色产业体系。继续“归核化”整合，通过剥离非主营业务、转让与主业关联不大的控股子公司或联营公司，凸显集团公司主业，并将某一领域的主营业务整合到一家龙头企业，形成单一行业的唯一上市集团。对原有业务属夕阳产业的国企，则在母公司培育新兴产业，并以资产置换的方式实现上市公司主业转变。

（3）创新国有资产监管体制。坚持做市场化的出资人和有效有为的监管者，力图形成以国资委直接监管为主、履职平台辅助监管运营为辅，权责法定、市场化管理运营国有资本的国有资产监管新体制机制。一方面，对20家企业进行直接监管，并直接持有5家上市公司股权；另一方面，分别成立投控、远致等各类国有资本投资和运营辅助履职平台。

四、重庆模式：成立产业引导基金[1]

为激活财政资金对产业的引导效应，重庆市抓住新一轮财政体制改革的良机，按照转变政府职能和深化预算管理制度改革的相关要求，主动创新财政投入方式，于2013年下半年启动设立政府产业引导基金相关工作，力求通过创新财政扶持产业资金分配方式，改变对企业“行政审批式”的补助行为，集中有限资源，吸引撬动各方资金用于产业发展的薄弱环节，以达到弥补市场失灵、优化产业结构和服务企业发展的目标。2014年，重庆市委常委会审议通过引导基金“1＋6”设立方案，重庆市政府印发《重庆市产业引导股权投资基金管理暂行办法》（渝府办发〔2014〕39号）。2014年6月，重庆市正式设立了产业引导股权投资基金公司，采取财政注资设立母基金，吸引社会资本进入，共同发起设立子基金的市场化模式运作。截至2016年3月，已发起设立21只子基金，认缴金额196亿元，已投资项目金额47亿元。重庆产业引导基金从“无”到“有”，破解了财政资金在促进产业发展中投入低效、管理不规范等痼疾；财政扶持从“行政化补贴”转变为“市场化投资”，实现了资金“可放大、可循环、可评估、可精准投向”的绩效预期（图5-1）。

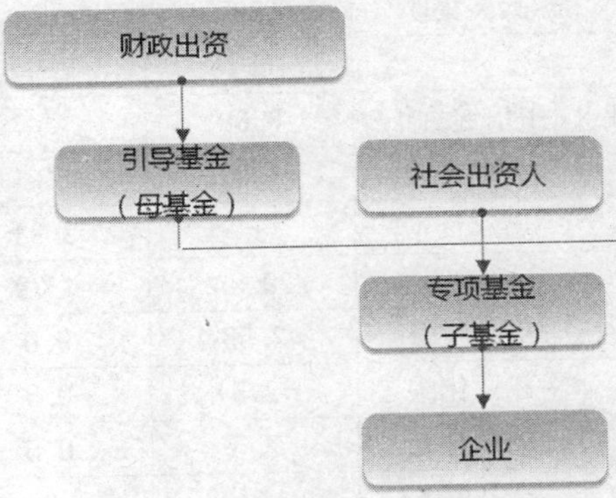

图5-1　重庆市产业引导基金运行架构

（一）基本特点

1. 基金募集：统筹存量、带动增量

重庆市财政通过归集整合工业、农业、科技、文化、旅游、现代服务业专项资金15亿元，新增预算安排10亿元，计划几年内形成100亿元以上的产业引导基金（母基金）。通过面向全国招投标，引进鼎晖、九鼎、英飞尼迪、中信逸百年等知名社会基金管理人

1　《新常态下财经热的探析》，2016年9月。

和兵装集团、招商局等国内大型产业集团旗下基金管理公司，截至2015年底，共发起设立专项基金21支，总规模196.25亿元，其中引导基金认缴出资50.23亿元，吸引社会资本146.02亿元，实现六大产业全覆盖。其中：

主投工业6支，总规模85.53亿元，其中引导基金认缴出资24亿元，为3年计划投资额（8亿元/年），资金放大3.56倍。主投农业3支，总规模16.15亿元，其中引导基金认缴出资7.94亿元，为2.65年计划投资额（3亿元/年），资金放大2.03倍。主投现代服务业4支，总规模46.01亿元，其中引导基金认缴出资8亿元，为2年计划投资额（4亿元/年），资金放大5.75倍。主投科技5支，总规模20.53亿元，其中引导基金认缴出资4.79亿元，为1.6年计划投资额（3亿元/年），资金放大4.29倍。主投文化2支，总规模18.04亿元，其中引导基金认缴出资3.5亿元，为3.5年计划投资额（1亿元/年），资金放大5.15倍。主投旅游1支，总规模10亿元，其中引导基金认缴出资2亿元，为2年计划投资额（1亿元/年），资金放大5倍（见表5-1）。

表5-1　重庆产业引导基金情况

分布行业	基金序号	基金名称	GP简称/背景	基金规模	认缴规模	引导基金占比
工业	小计			85.53	24	28.06%
	1	和信汇智	和君资本	12	3	25.00%
	2	西证渝富	西证渝富	15	4	26.67%
	3	洹杉创投	洹杉投资	2.53	1	39.53%
	4	振渝九晶	九鼎投资	24	8	33.33%
	5	华融渝富	华融渝富	12	3	25.00%
	6	重庆德茂	兵装集团	20	5	25.00%
农业	小计			16.15	7.94	49.16%
	7	逸百年农业	中信逸百年	6.08	3	49.34%
	8	中以农业	英菲尼迪	4.07	2	49.14%
	9	恒惠农业	惠农资本	6	2.94	49.00%
科技	小计			20.53	4.79	23.33%
	10	贝信创投	贝信投资	2.53	0.5	19.76%
	11	和亚化医	和亚化医	2.5	0.5	20.00%
	12	德翰创投	德众合元	2.5	0.5	20.00%
	13	高新创投	红马资本	12	3	25.00%
	14	星耀创投	昌辉传播	1	0.29	29.00%
服务	小计			46.01	8	17.39%
	15	渤溢新天	渤溢投资	10	1	10.00%
	16	重庆慧林	招商资本	22	3	13.64%
	17	农产品流通	众利投资	4.01	2	49.88%
	18	金浦医疗	金浦投资	10	2	20.00%
文化	小计			18.04	3.5	19.40%
	19	重庆文投	重庆文投	3.04	1	32.89%
	20	完美盛景	盛景嘉成	15	2.5	16.67%

（续表）

旅游	小计			10	2	20.00%
	21	中非信银	中非信银	10	2	20.00%
总计				196.26	50.23	25.59%

资料来源：根据重庆市金融办资料整理。

此外，发挥产业引导基金对接中央、地方重大基金的综合平台作用，先后认缴出资55.5亿元，与中央和地方合作发起5亿元重庆供销合作基金、100亿元重庆现代物流产业基金、800亿元重庆战略性新兴产业基金。

2. 基金运作：市场化操作、专业化管理

重庆市产业引导基金按照“政府引导、市场运作、科学决策、防范风险”的原则运行，实行决策与管理相分离。政府扮演监管者和出资人的角色，指定投资大方向，具体运营则放手给专业团队。一是成立引导基金工作协调小组，由财政、发改、经信、科技等12家主管部门组成，其职责主要是进行宏观决策和指导，对投资方向进行把握，根据发展战略、产业规划明确引导基金投入的重点产业和关键环节，确保资金的安全性和绩效性。主管部门建立备选项目库，但无权干预具体投资行为。通过政府“自我限权”，改变了过去产业扶持资金由部门直接“定项目、分资金”的状况，政府不再一竿子插到底，资金的使用交由市场决定，以往财政补贴“撒胡椒面，绩效评估难、廉政风险高”的现象得到较好解决。二是组建引导基金管理公司，基金公司董事长、总经理分别由来自市财政、证监部门的业务处长担任，并脱离行政身份，专业管理团队则从社会上择优聘用。基金公司具体负责引导基金的日常运营和管理，包括选择基金管理人，向专项基金派驻出资人代表，参与财政部相关投资基金的对接，以及对专项基金的监管和绩效评价等。三是成立评审专家委员会，由产业技术专家、私募基金专家及行业主管部门代表组成，负责评审引导基金与私募投资者合作设立的专项基金，“跟谁合作”不由政府部门一家说了算。四是成立项目投决委员会，形成专项基金组织行业专家审议，主管部门派驻观察员监督的项目投资决策机制。“向谁投资”不再由政府拍板，而是转交给更熟悉市场规则和项目前景的专业管理人决策，让“专业的人做专业的事”（图5-2）。

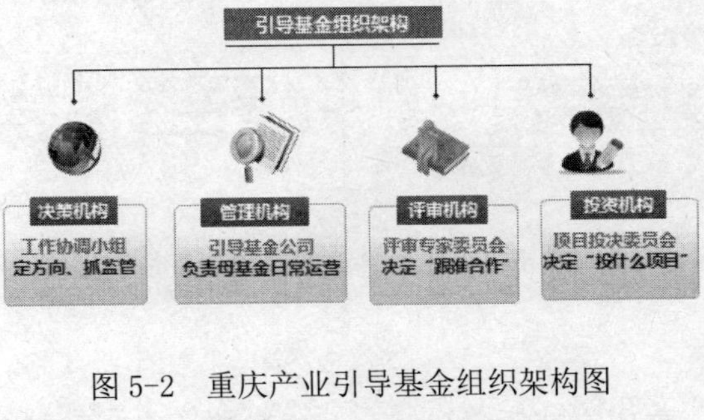

图5-2　重庆产业引导基金组织架构图

3. 基金投向：聚焦主导产业、弥补薄弱环节

重庆市产业引导基金覆盖工业、农业、科技、现代服务业、文化和旅游等6个领域，重点投向支柱产业转型升级、战略性新兴产业培育和创新型中小微企业发展。将有利于

优化产业结构、促进转型升级、推动创业创新、发展新兴产业作为引导基金投资的主要方向，规定专项基金投资重庆的比例原则上不低于80%。引导基金在专项基金中参股不控股，与其他出资人的资金同步到位、共享收益、共担风险。引导基金针对企业初创期、成果转化期、快速成长期、计划上市期、并购重组期等5个关键阶段，提供全覆盖、针对性、差别化的投资扶持。目前已储备了600多个项目，已投资项目42个，实现投资47亿元。投资的项目中，既有支持企业做大做强的新能源汽车、发动机等上市公司的成熟项目，也有创新型、初创期的中小企业，侧重帮助解决资金瓶颈，培育孵化上市。同时，遵循财政资金“保值增值”和“让利于民”的原则，明确规定专项基金的存续期限原则上不超过5年，确需延长的，总存续期限不得超过7年。存续期满后，各出资人按照投资协议约定的方式，如通过独立IPO、资产并购、股权转让退出、股权回购、到期清算等方式退出，避免与企业长期争利。而一个投资周期完成，引导基金投入的资金按照约定退出后，将重新回到“母基金”中。在这样循环往复的过程中，“基金池”随之越做越大，财政资金实现了保值增值，“一次性投入”将变成“循环使用”。

4. 基金管理：防范风险、注重绩效

一是加强资金管理。财政根据年度投资计划安排资金预算，实行专户管理。专项基金的资金委托商业银行进行托管，托管银行负责资产保管、资金拨付和结算等日常工作，每季度向引导基金公司提交监管报告。二是加强风险防控。作为政府主导的产业基金，既要求资金来源合法，坚持“四个不做”：不做“高息揽存”、不做“P2P众筹”、不做债转股和股转债、不做信托资金与银行资金“通道”业务；又注重资金规范使用，坚持“四个不投”：不炒二手房、不炒外汇、不炒股票、不放高利贷。三是加强绩效评价。对专项基金的投资方向、放大效应、经济效益与社会效益等开展绩效评价。比如，工业专项基金，重点看是否投到技术创新、节能减排、延长产业链、打造产业集群、增加就业的项目上，对资金绩效差的，调减专项基金额度（图5-3）。

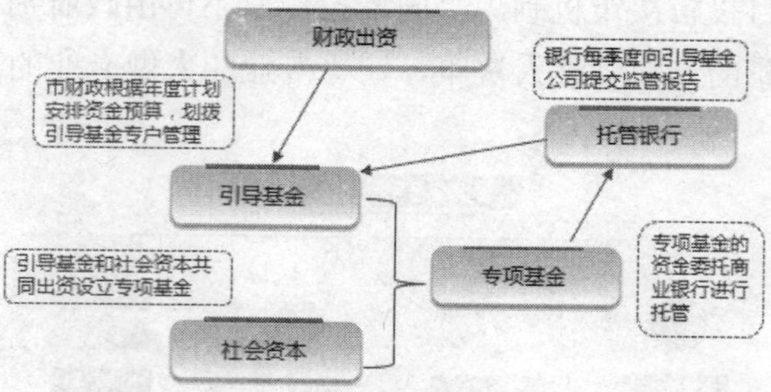

图5-3 重庆市产业引导基金财政出资资金管理模式图

（二）主要亮点

经过几年的运作，重庆市产业引导基金发展迅速，得到了国家和市场的广泛认可，其亮点主要体现在以下三个方面。

1. 率先整合财政专项资金，变“拨”为“投”

经过测算，重庆市财政每年直接用于扶持产业发展的资金近80亿元。以往政府在促进产业发展的财政资金使用上，大多采取补助、奖励、贴息等形式，尽管起到一定作用，但由于资金分配行政化、投向分散、绩效难监管，难以充分发挥培育新兴产业、推动结构调整的功效。因此，重庆市归集整合工业、商业、农业、科技等相关部门主管的产业资金，“变补为投”设立产业引导股权投资基金的做法，在全国属于体制机制的大胆创新，并实现了“可放大、可循环、可评估、可精准投向”的作用。可放大：除对小微企业、特色效益农业等市场化程度较低产业按不低于1:1放大外，其余产业原则上按不低于1:3的资金配套比例吸引更广泛的社会资本，特别是保险资金、养老资金等金融系资金、国家部委专项资金、全国性资产管理机构资金、央企资金、跨境人民币资金等。在如此充足、广泛的资本供给之下，首期25亿元的引导基金，就让基金盘子总量做到80多亿元。可循环：基金运作，让社会资本与政府资金实现“同股同权同回报”，这种情况下，以营利为商业目的专业基金管理人，必然会以专业优势经营基金而实现盈利。同时，一个投资周期完成后，投入的资金会按照投资协议约定期限退出，重新回到“母基金”中。在这样循环往复的过程中，“基金池”随之越做越大，财政资金实现了保值增值，“一次性投入”也变成了“循环使用”。可评估：“产业引导”是核心目的，体现的是政府的宏观产业发展部署。“股权投资”是一种投入形式，既不同于传统的财政无偿投入，也不能像纯商业投资那样追求利润最大化，而是要以社会效益为主，兼顾经济效益，发挥政府基金功能。因此，基金盈利实际上就反映出产业引导目标的实现。这自然就让资金投入的绩效评价成为了可能。可精准投向：财政产业扶持资金，能精准地投到政府想要引导的重点产业和关键环节当中去，这比起传统的补贴方式，随意性大大减少，资金监管的可操作性随之反而大大增加了。

2. 资金规模大，市场化程度高

和以往国内各地方政府引导基金相比，重庆市产业引导股权投资基金规模更大：每年政府投入25亿元，几年内形成100亿元以上的母基金规模，按照1:3以上的撬动比例，将形成500亿元左右规模的产业引导基金。在专项基金的具体操作上，重庆主要采取成立独立的基金公司进行管理，或采用了设立有限责任公司制的方式，这些方式有明显的“去行政化”特点，能发挥法人治理结构的制衡作用，提高引导基金的决策效率。专项基金坚持“同股同权同回报”，采取有限合伙制，日常的运行管理，政府不参与。具体选择什么项目开展股权投资，政府也不干预，是完全的独立运作，这与传统的地方政府组建事业单位或者委托平台公司直接管理有本质差别。在基金管理人的选择上也是优中选优。重庆市政府对选择基金管理人提出了合作方的“四个条件”：一是在业界是否具备良好的“名声”。二是是否具备敏锐的项目筛选能力，以及选好项目后的整体策划、打造能力，为企业提升核心竞争力，不断发掘出升值空间。三是是否具备投资后的专业化管理能力。设计一个投资方案以后，让企业能够接受，能够平衡，能够发展，还能够顺利实现退出。这样才能保证投资后，基金也能够很好地参与管理、参与决策，又不跟企业实际控制人发生过度“摩擦”。四是是否具备良性的退出机制。有良好的既往退出业绩，在一定程度上代表着私募基金的综合实力和运作水平。这些，都有力保障了引导基金的市场化运作。

3. 投资领域更宽，投资方式更多

我国早期的政府投资基金，从中关村模式到苏州模式再到深圳模式，主要还是采取组建创投基金，投资对象主要是针对新兴产业和中小微企业开展创业投资或者天使投资，许多地方政府基金还设置了单一投资领域的要求。重庆市产业引导基金从开始便明确可投向工业、农业、科技、现代服务业、文化和旅游等6大行业，基本上覆盖了大部分产业领域，这与其他省市设定的单一投资领域有所不同。与此同时，重庆市产业引导基金的投资方式更加灵活多样，以私募股权投资为主，但也可以选择不同的环节进行投资，既可以投资成长期、成熟期或处于拟上市阶段的企业，也可以投资初创期和早中期的企业，可以说构建的是“天使-VC-PE-Pre·IPO”的一套完整的政府引导基金投资体系。在退出方式上也更加丰富，引导基金既可以按照投资协议的约定，也可以通过独立IPO、资产并购、股权转让退出、股权回购、到期清算等方式退出。

第二节　国有资本运营的国际借鉴

从全球看，虽然我国与其他国家或地区在经济发展水平、市场发育程度、政治体制等方面存在一定差异，但是，其他国家的国有资本运作仍然是其经济发展的重要组成部分。因此，深入分析不同国家和地区的国有资本运作模式以及经验教训，对于我们研究国有资本运作模式具有重要意义。

一、美国模式

美国历届政府反对利用国有化干预经济运行，因而与其他西方国家相比，美国国有企业在国民经济中所占比重很低，在工业领域不足1%。但在基础设施、公用事业、科学技术研究等方面，国有企业比重较高。例如，邮政部门由政府经营，电力、铁路等部门国有企业占 25% 左右，而在尖端科学技术研究领域，政府投资甚至占 80% 以上[1]。

美国的国有企业按照隶属关系分为联邦政府国有企业和地方政府国有企业，联邦政府国有企业在军工领域占有绝对优势，地方政府国有企业在基础设施方面占有较大比重。这些国有企业按照其资产组织形式不同可分为以下几种：一是完全由政府拥有和经营的企业；二是政府将国有企业租赁或承包给私人企业经营，由其按一定价格为政府提供特定产品的国有民营企业；三是由政府和私人共同持股，参与企业管理，按照各自所持股份分配利润的国有参股企业；四是民营国助企业，即政府为某些执行政府政策目标、符合政府有关要求的企业提供补贴和资助。在这些企业组织形式中，又以国有民营为主要形式。美国对国有公司的管理是通过以国会为主的监督体系进行，形成了以国会立法为核心，财政部为主实行统一管理。每成立一个政府公司就由国会通过一个单行法律，规定该公司的设立目的、董事会组成、经营方式、经营范围等具体规划。法律本身明确了各方面的权利和义务，超出法律之外的干预，则视为违法。这种方式有效地避免了政府过多的行政干预，保护了公司独立的法人地位。

在国有资本具体的运营过程中，根据其国有资产组织形式的不同，又采取了不同的三种方式：一是政府直接经营。美国政府对电力、交通运输和宇航部门的国有企业实行直接管理，规范国有企业的投资计划、提供投资方式；选定国有企业的领导人，完全由政府控制的公司，董事会成员由总统任命，并提交参议院审批；确定国有企业的工资水平和退休制度；规定国有企业的产品和劳务价格、税收制度；决定利润分配和亏损处置。二是出租经营。“二战”后美国政府将一部分国有企业进行出租，出租期一般为 4 年左右，承租方要向国家定期缴纳租金，在租期内，国家对于承租方使用国家资产为自己生产的产品有优先定货权。对这种企业，政府通常不采用部门管理的办法，而是选择合适

1　刘玉平：《国有资产管理》，中国人民大学出版社 2008 年版。

的承包商并签订承包经营合同，并监督企业生产经营。三是国家参股企业由总统和主管部长任命部分董事，其余董事由股东选举。

二、英国模式

第二次世界大战后，英国政府在凯恩斯主义和社会民主主义思潮的影响下，曾两度掀起国有化高潮，试图以此来调整社会经济结构，缓和阶级矛盾，提高经济效率，由此形成了英国主要的国有资产。1945—1951 年，政府主要以参股和直接购买私有企业股票的方式进行投资，建立了一定数量的国有资产；1974—1979 年，政府主要以参股和直接投资方式组建国有企业。经过这两个时期，英国国有企业分布较为广泛，除公用事业、基础设施外，还广泛进入制造商业等竞争性行业。然而，撒切尔夫人执政后，转而奉行货币主义经济政策，推行私有化，使国有企业及国有资产数量均有大幅度下降。目前，英国国有资本已基本从国民经济的各领域中退出[1]。

英国国有资产组织形式有三种基本类型：国有企业、国有公司和国有股份公司。

（1）国有企业完全处于国家预算控制之中，不具有经济上的独立性，其生产经营活动往往由政府相应机构直接管理，如修理军舰的造船厂、兵工厂等。

（2）国有公司是根据议会专门法令建立的，具有特殊的法律地位，资产完全为国家占有和控制，以独立的法人身份出现在市场上，因而具有相对的独立性。

（3）国有股份公司是以股份公司组织形式存在的，国家只拥有部分股权。从法律地位和经营活动自主权来看，这类公司与私营企业基本相同。在国有企业内部，大多实行董事会领导下的总经理负责制。董事会成员由政府任命。在国有资本的管理和运营上，英国实行主管部门和财政部相结合，以主管部门为主的模式，议会是国有资产管理的最高机构。主管部门的主管大臣任命所有的董事会成员，规定企业财务处置权限以及营利等财务指标。财政部总体上对国有企业的财务负责，通过财政预算和确定对国有企业资助额大小，审批由各主管部门提交的投资报告等方式对国有企业进行管理，并对财政拨款情况进行监督。议会通过立法管理和控制国有企业，有关国有企业建立、改组以及私有化等重大问题，必须由议会通过专门的法令来决定，议会制定的有关国有企业管理政策与制度，不经议会同意不得改变。至于企业具体管理事项，议会授权各主管大臣管理。

对于国有股股权的管理，英国采取的是“政府—国家企业局—国有企业”的模式，国有企业局作为一家国家独资的控股公司，其产权管理包含两个层次：一是政府作为所有者代表对国家企业局的产权管理；二是国家企业局作为母公司对其投资的子公司和关联企业的产权管理。在实际运作中，政府授权贸工部对国家企业局行使产权管理职能，包括传达政府指示、确定国家企业局的财务目标、任命国家企业局的负责人、规定国家企业局的投资权限；而国家企业局并不直接干预其投资的子公司和关联企业的日常生产和经营，而是向这些企业派出董事，参与企业的重大决策，国家企业局还要对这些企业的财务状况和计划进行审查。

1　王学东：《国有资本运营机制重构论》，中国经济出版社 2001 年版。

三、法国模式

法国的国有企业数量较多，在有的行业国有资产所占比重还比较大。通过 20 世纪 30 年代中期、“二战”结束后初期和 80 年代初期三次国有化运动，使法国的国有化程度曾一度跃居西方国家首位。虽然在 20 世纪 80 年代中后期法国开始推行自由主义政策，积极推动私有化运动，但法国的国有经济仍占有一定的比重。据统计，1990 年法国国有企业年产值占国内生产总值的 18%，投资额占全国总投资的 27.5%，出口额占 25%。

从分布情况看，法国国有企业主要集中在能源、交通、通信、原材料、加工制造、银行和保险等部门，在国民经济和社会发展中具有重要地位。在国有资产组织形式上，法国国有企业主要采取股份公司方式。法国国有企业一般分为两类：一是垄断性国有企业，主要集中在能源、交通、邮电通讯等基础设施和基础产业部门；二是竞争性国有企业，大部分分布在工业、建筑业、商业和服务性行业。大部分国有企业是国有资本和私人资本相互参股的混合公司，公司实行董事会负责制。国家控股 90% 以上的国有企业，董事长由政府直接任命；控股 50% 以上的国有企业，董事长虽经选举，但基本上由政府掌握。董事会成员实行“三方代表制”，即由国家代表、企业职工代表和有关专家、知名人士、消费者代表构成。

在国有资本管理和运营方面，法国实行“双层次 + 分类 + 合同”管理。“双层次”管理是指财政部门与主管部门分工负责，直接管理国有企业。其中，财政部门持有国家对企业的直接控股权，决定企业股票的出售或购买，对国有企业进行财政控制，决定企业获得的财政拨款数量；各主管部门依据行业性质行使对国有企业的管理，选派代表参加企业董事会参与企业的重大决策。“分类”管理是指对不同类型的国有企业实行不同的管理方式：对集中于能源、交通、通信等领域的垄断性企业，政府控制程度较高，管理比较严格，企业自主权比较小，如投资规模、借款数量、产品价格、工资增长等事项，都由政府决定；对竞争性国有企业，政府主要通过任命企业负责人、监督投资和资产处置等方式进行管理，并不直接控制企业生产经营行为。“合同”管理是法国政府为加强国有资本运营管理的一种特殊做法，就是通过合同形式，规范政府与企业的权、责、利关系，主要有“项目合同”、“企业合同”、“计划合同”和“目标合同”等。签订合同的目的主要是使国有企业承担责任，使企业所制定的发展战略与国家目标相统一。此外，法国对国有资本运营实施多层次的监督管理：一是政府主管部门的监督，主要表现在国有企业的人事任免权、部分经营的监督权，以及派员常驻企业负责检查企业的经营状况；二是财政部门的监督，主要负责有关法令和财务方针、企业补助、投资贷款等方面的监督工作，财政部门还可向企业派驻稽查员，负责监督企业财务状况；三是审计部门监督，主要是检查国有企业的会计账目是否符合规则并对国有企业的经营业绩进行评价；四是议会监督，其监督形式一般是综合的政策性监督。

四、瑞典模式

瑞典的国有企业经营领域广泛，到 2001 年，瑞典政府管理的国有企业的产值约

5000 亿瑞典克郎，占全部企业产值的 25%，占国内生产总值的比重约为 7%。瑞典的国有企业大致有三类：一是非独立性企业。这些企业不具备独立法人资格，从属于政府管理部门。二是公益性企业，如铁路、电信等。这些企业在经济组织上是独立的，但由政府统收统支并列入国家预算。三是由国家全资、控股、参股的非公益性企业。这些企业完全按瑞典《公司法》组建，一般采取有限责任公司和股份有限公司两种形式，而且企业完全按市场规则运行。

瑞典国有企业所有权由议会拥有，议会授权政府管理，政府又授权各部门分别对国有资产进行管理和运营。但不论国有企业归哪个部门管理，瑞典政府对国有企业实行分类管理：一是对于遵照市场规律进行运营的企业，政府以市场标准对国有企业提出业绩和回报的要求，实现股东价值最大化；二是对于以满足社会利益为主要目标的企业，政府直接控制企业的经营活动，企业的价值主要体现为社会目标的实现。

瑞典政府注重对国有资本运营的间接调控而不是直接行政干预，其主要手段如下：一是预算调节，即将公益性企业直接纳入财政预算，融入国家财政收支；二是税务调节；三是投资基金调控。政府对效益好、资金需求大，或者是必须要扶持的企业进行重点资金投入；四是审计和法律监督。瑞典审计署直接对议会负责，既可对国有企业进行监督，又可对国有企业管理部门进行监督。

五、意大利模式

意大利国有经济在国民经济中所占的比重约为 15%。其国有企业主要有两类：一是资本完全属于国家且直接由政府经营的企业，这类企业存在的领域主要是关系到国计民生的基础部门，如铁路、邮电、公共交通、电力等；二是国有资本与私人资本混合，由国家控股的“国家参与制”企业，基本按照市场法则组织经营活动。这类企业是意大利国有企业的主体。

除了各级政府直接经营的企业由相应的政府主管部门进行管理外，意大利的国有资本管理与运营的模式是“政府—控股公司—企业”。 意大利政府这一层最初是国家参与部，是国家统一管理国有企业的专门机构，其主要职责是：控制、协调和监督国家控股企业的经营活动；向各控股企业传达部级委员会的各项指示；接受各控股企业的报告和了解各控股企业的情况；任免所属各控股企业的高层领导人；授予控股企业出售和转让国家参与股份的权利。后来，国家参与部被撤销，其主要职责改由经济计划部际委员会和国库部行使。经济计划部际委员会的主要职责是：负责制定政策，以确保控股公司的运行符合全国经济总目标，并负有监督责任；检查计划执行情况；对控股公司申请国家拨款提出意见，但无权过问控股公司的具体经营管理工作；协调国库部与其他有关部门的工作，保证各部门采取的行动一致。国库部的职责为：代表国家行使股东权利，对国有股权进行管理；任命控股公司董事会成员；审批公司的预决算报告；监督、协调和指导本系统各部门的工作，并负责向国家产业政策部际委员会和经济计划委员会汇报国有企业的经营状况和执行国家经济政策的情况，同时向国有控股公司发布总的指导方针，保证国家经济政策的实施和政府规定的各种社会经济目标的实现。 国家控股公司是连接政府和一般国家参与制企业的中介组织，根据经营范围的不同，它可以分为跨行业跨部门的综合型国家控股公司和某一特定行业范围内的专业型国家控股公司。控股公司领导层主要行使公司日常管理权，即除上述由政府行使的权利以外的各项权利。同时，它又对国家参与制企业依法行使任命管理者、收益分配、重大决策、考核监督等权利在内的出资者所有权。国家参与制企业领导层则依法行使日常管理权，即法人财产权。

六、德国模式

德国（原联邦德国）国有经济在国民经济中所占的比重为20%左右，既有政府独资的，也有政府与私人资本合资的，一般采取有限责任公司或股份有限公司两种形式。

德国管理和运营国有资本的模式是“政府（财政部）—监事会—国有企业”。德国财政部在国有资本管理中处于核心地位，负责审批国有企业的成立、解散、合并、股份购买与出售等重大资本运营决策措施，并以股东身份负责选聘联邦一级主要国有企业监事会成员。监事会由政府代表与职工代表组成，其中政府代表由财政部长在政府官员、私人企业家以及其他专家学者中选择，监事会主席由财政部长推荐；董事会由监事会选出，经理则由董事会任命，所有董事与经理不能是政府官员，政府通过财政部及其控制监事会来控制国有企业的重要事项进行决策，包括经营管理者的任免、一定额度以上的投融资方案、股权运作方案、利润分配方案、企业年度经营计划以及公司成立、解散、合并等重大事项。甚至财政部长还亲自参加决定公司前途的重要谈判。国有公司的经营管理者，在财政部、监事会批准的人事、销售、投资、财务计划允许的范围内，享有一定的自主权；在生产的具体组织、一般劳动用工及内部监督管理制度等方面则拥有完全的自主权。政府对国有资本运营的监督主要是通过派出经济审计人制度来实现，经济审计人对监事会和财政部负责，每年检查企业的年终决算，并对董事会活动及企业的经营状况进行评价，最终形成书面综合报告，呈送监事会与财政部，作为对经营者业绩进行评价和奖惩的依据。

七、日本模式

在明治维新以后，日本大力发展资本主义经济，政府直接兴办了大量国有企业，建立了包括军事工业在内的国有经济体系。第二次世界大战结束时，日本的经济陷入混乱状态，国有经济被改组和缩减。20世纪50年代后期，随着日本经济发展进入高速增长时期，又出现了许多不同类型的国有企业或事业单位。据统计，1981年日本国有企业或事业单位共有11878个。

20世纪80年代后，日本政府开始对国有企业进行以民营化为主要内容的管理体制改革，从而使国有经济在国民经济中所占的比重有较大幅度的下降，在工业化国家中处于较低水平。日本的国有企业主要分布在铁路、邮政、电信等基础设施和公用事业，在金融、烟草、盐业等行业也存在一定的国有企业。 按照日本经济学界的分类，日本国有资产的组织形式可以分为直营事业、特殊法人事业和第三部门三种基本类型。（1）直营事业是由中央或地方政府投资兴建，并直接经营的国有企业，各级政府统一掌握其所有权和经营权。直营事业不是独立的经济实体，其设立、经营范围、投资规模及方向、事业计划、产品价格、工资制度等受政府和国会的严格控制，企业自主权十分有限。从涉及领域来看，政府主要经营邮电事业、造币事业、印刷事业、国有林区事业、酒类专卖业、自来水事业、铁路事业、煤气事业，等等。（2）特殊法人事业是政府投资，依照特别法律设立的特殊法人企业。特殊法人实行独立经营、独立核算制度。从投资主体来看，特殊法人事业包括中央政府直接投资的、中央政府和地方政府共同投资的、国家和私人企业共同投资的、国有企业投资建立的特殊法人四种。（3）第三部门是指由中央政府、地方政府、私人企业共同投资，以股份公司形式经营的国有企业。这类企业是独立的法人实体，有较大的经营自主权，但变更经营范围、修改公司章程、合并、解散等重大事项，需要经过主管大臣批准后才能执行。

日本国有资本管理和运营采取的是政企合一、高度集权的管理方式，包含国会、政府、国有企业三个基本组织层次。大部分国有企业依据国会制定的特别法律进行设立、经营和管理，政府受国会委托，对国有企业进行管理。政府行政机关直接经营国有企业。政府主管部门决定企业的人事任免、重大经营决策、财务预算审定、利润分配等，国有企业工作人员受国家公务员法约束。政府各主管部门和大藏省构成国有资本管理的执行机关。其中，大藏省是总管辖机关，下设理财局，专门负责国有资产管理。此外，还设有国有资产咨询机关和监察机关，负责回答执行机关的询问和对国有资本运营的各个环节进行监督。值得指出的是，日本对国有企业进行民营化的改造，并不是简单地将国有股权出让给私人资本，而是只出卖部分国有股权，通过引入私人资本，将原有的纯国有企业转变为股份公司组织形式的混合企业。同时，政府仍掌握着绝对多数的股份和领导决策权。

八、新加坡模式

新加坡的国有资产主要形成于 20 世纪 60—80 年代，是政府直接或间接投资形成和发展起来的，到了 80 年代中期，除港口、公共住房、道路、机场、电力、邮政等基础设施外，国有企业几乎遍布制造、通信、交通运输、金融、贸易、旅游及房地产等国民经济各部门。1986 年，新加坡主要通过出售政府控股公司的股权，开始实行大规模的私有化，国有经济的比重有了较大幅度的下降。

新加坡的国有企业可分为三种类型：（1）国营企业。其资产全部属于国家所有，依据国会专门立法而设立和运作，其生产经营受政府直接控制，在人事安排、资金管理、财务计划、收益分配等方面，都没有自主权。国营企业主要负责社会基础设施的建设和发展。（2）政府控股公司。在这类企业中，政府拥有全部股权或者具有控股地位，其董事会成员及总经理由政府任命，资金来源与运作由财政部控制，政府通过董事会对企业生产经营进行指导和监督。例如，政府持有淡马锡控股公司、胜利控股公司和国家发展部控股公司 100% 的股份。（3）国连公司。这类企业由一家或多家政府控股公司投资参股，按照新加坡《公司法》的规定成立并运作，在生产经营活动中与私营企业一样平等竞争。

新加坡政府对国有资本的运营模式是“三层次”模式：第一层是政府主管部门；第二层是政府控股公司和法定机构；第三层是国连公司。法定机构按照议会立法而建立和运作，是独立的法人，其业务范围主要是工业区的开发、交通运输、广播电视、公用事业等基础设施和社会服务领域。一些法定机构实施企业化经营，但具有部分管理职能，承担一定的社会目标。为此，议会为每一个法定机构专门立法，详尽规定其组织结构、领导人的任免制度、职能和权限，以免法定机构与有关政府部门之间出现权责不清的现象，确保法定机构能按照立法规定而运作。政府控股公司根据新加坡《公司法》成立并运作，由政府投资并拥有，　在众多的国有公司中拥有股份或处于控股地位。其中最为典型的是财政部下属的淡马锡控股公司，公司成立于 1974 年，其宗旨是遵循并以投资来支持政府的经济政策，关注、追求投资项目的回报率；代表政府作国有公司的股东，维护其股东权益；从不再需要政府介入的领域中撤回资金，投向私营部门中缺乏资金、经验而不愿投资经营的领域。经过多年运营，该公司目前直接投资的公司已有 52 家，其中本土公司 37 家，海外公司 15 家，这些公司通过投资、参股，又握有 500 家公司的股权，其经营范围遍及金融、炼油、运输、贸易、地产、建筑、娱乐、咨询等行业。国连公司也是依据新加坡《公司法》成立并运作，完全围绕经济目标经营与发展，参与市场竞争。

总的来说，新加坡国有资本运营模式实现了三个分离：一是政府部门与法定机构、控股公司的分离。政府将部分管理职能和运营市场环境及股权管理的职责交给法定机构和控股公司，使政府能从国有企业的微观管理中解脱出来，集中在政策、规划的制定和监督实施上。二是法定机构与政府控股公司的分离。法定机构主要在基础设施和社会服务领域营造良好的市政环境，往往兼有一些行政管理职能；政府控股公司通过对国连公司的股权运作，参与市场竞争，着眼于资本和股权管理。三是行政管理与产权管理的分离，减少了政府对企业的直接干预。

第三节 国有资本运营的启示

一、对国有资本进行分类管理和运营

这种分类首先体现在根据国有资本的性质和功能不同，采取相应的企业组织形式。总体上看，这些国家的国有企业一般有三种类型：第一类是政府直接经营的企业，可以叫作国营企业，这些企业基本都是由中央或地方政府直接投资，关系国计民生、涉及基础设施和公用事业、提供公共产品的企业。第二类是根据国家一定的法令建立的，具有特殊的法律地位的国办企业，政府并不直接进行经营。这类企业以独立的法人身份出现在市场上，因而具有相对的独立性。第三类是政府与私人共同出资，完全按照公司法设立并运作的国有公司，政府持有一定比例的股份，这类企业大多存在于竞争性领域和行业，依据公司法进行市场法经营运作。针对不同的企业组织形式，国有资本运营的方式也不相同。对于国营企业，国家一般都有专门立法，由政府相关部门依据该法直接经营管理；对于国办企业，政府一般不采取直接经营管理的方式，而是采取较为灵活的运营方式，如美国的出租或授权委托私人经营、法国的计划合同制等；对于按公司法成立的国有公司，一般是实行市场化运营，主要是通过任免董事会成员、参与企业董事会等形式来控制国有企业的发展方向和经营方针，但是不干预企业的日常经营活动，实行企业自治管理和自主经营，实现国有资产所有者与经营者分离。

二、在国家管理层对国有资本管理分工明确

在国家管理层对国有资本的管理上，许多国家采取设立专门的管理部门对国有资本的重大事项、投资、计划、效益评价、政策制定等进行全面管理，而具体的管理和运营则分散于财政部门和各个政府主管部门。各部门的管理职责范围均有系统详细的划分。

三、通过国有控股公司来运营国有资本

很多国家都采取这种模式，其中比较典型的是前面提到的新加坡淡马锡公司。这类运营模式的基本特点是通过在政府与企业之间设立国有控股公司这样的“中间层”并进行授权，来运营国有资本。国有控股公司代表国家行使国有资产所有权职能，负责监督和运营国有资本，并以受托资产对国有资产所有权管理部门负有保值增值责任，接受国家的指导和监督。国有控股公司的职责和作用主要表现为四个方面：一是充当隔离层和保护层，使国有出资企业免受不必要的行政干预，实现政企分开；二是对国有资产所有权进行专业化管理；三是协调政府管理国有企业的有关政策，防止各部门之间因政策不一带来矛盾；四是督促下属企业执行上级的指示和决策，并保护其利益不受侵害。控股公司的高效运作，对于实现政企分开、政资分开，避免或减缓政府对企业的直接干预，

提高国有资本运营效率，具有积极的意义。

四、注重建立市场化的治理结构

不管这些国家在政府层面上是否设立统一行使国有资本管理的专门机构，但是在国有资本运营和出资人到位这个关键环节，他们都高度重视企业法人治理结构的建立。无论由哪一个机构行使国有资本所有权，都注重派出自己的董事进入企业董事会，并充分发挥董事会的作用，实现出资人真正进入企业，保证国有资本运营效率。

五、强化国有资本监管机制

上述这些国家虽然对国有企业采取的监管方式各不相同，但是都力图采取一定的监管手段和方式，借此来达到对国有资本实施有效监管的目的。例如，法国政府的“董事会监管机制＋国家稽查特派员制度”、美国的“国会监管机制”、英国的“政府和议会双重监管机制”、德国的“监事会监管机制”、韩国的“绩效评估监管机制”等。

六、重视经济效益

20世纪80年代以前，几乎所有的西方国家都把社会效益作为国有企业的主要经营目标，对营利目标则很少顾及，以至于国有企业长期效率低下，大量亏损，给国家财政造成了巨大的压力。英国亚当·斯密学会的一份报告指出，英国公营企业的生产成本比私营企业平均高33%，原联邦德国甚至高出50%。1974年英国国有制企业的亏损总额达到12亿英镑，占当年英国国民生产总值的2%。法国的国有工业、交通业也几乎都是亏损企业，20世纪70年代平均亏损60亿—70亿法郎，1982年更是亏损了320亿法朗，相当于法国工商业利润的 2/3。在后来的私有化改革浪潮中，大多数国家除了压缩国有经济规模外，着重对国有企业的目标进行了修正。例如，英国政府要求国有企业必须实现营利目标，对长期亏损的企业限期扭亏为盈，否则撤换其董事长；德国政府对国有企业的管理原则是：任何国有企业都不能靠补贴。即使是负有特殊使命、不以营利为主要目的的国有企业，也要符合市场经济的要求，逐步将自己推向市场。

七、强调优化国有资本运营环境

除了上述几个方面外，还有一个我们必须要学习和借鉴的方面，那就是为国有资本运营创造良好的环境。这主要包括以下两个方面：　第一，国有资产相关法律工作比较完备。国外国有资产相关法律工作的特点可以概括为以下几个方面：一是重视国有资产管理法律体系建设。许多国家如日本、韩国等，既有对国有资产管理的总括性、综合性法律法规，又有规定具体对象的专门法律法规。有的国家如英国、美国、法国等，针对每一个国有企业的具体情况，国会制定有专门的法律。二是议会在国有资产管理中发挥着重要作用。许多国家的议会不仅负责立法，而且设专门委员会或委托审计机构，对政府和企业的执法情况进行听证、质询、调查、检查等多种形式的监督，还参与国有企业的设立、改组、解散以及非国有化等重大决策。三是建立了完备的执法监督机制。例如，法国国会各专门委员会对议会指明的公共事业部门和国有企业的行政、财务和技术管理状况进行审查、调查，并做出结论；英国议会与政府主管部门及国有企业之间建立的各种报告和监督制度。四是国有企业改革立法先行。例如日本、德国的国有铁路改革，都经历了几年的调研论证，最后由议会专门立法，然后再按照法律规定进行各项改革。五是通过立法充分保证国有企业的经营自主权。第二，建立严格的国有产权交易制度。西方国家往往在国有资本运营中注意建立严格的国有产权交易制度。我们可以以法国国有产权交易为例来看国外主要市场经济国家国有产权交易的特点。法国的产权交易具有较强的透明性。一旦决定对某一国有企业实施转让，首先要在政府公报上登载该转让企业所属的企业的评估报告，然后将该报告递交到股权及转让委员会。同时，根据经济（保证国家取得合适的转让收益）、社会（能解决被转让职工就业）、企业（能使被转让企业有稳定发展）三大标准，来进行公开招标挑选受让方。股权转让委员会在对递交来的企业档案进行研究和听取企业、咨询银行以及经济财政部的汇报后，确定出企业的最低价值，然后将最低价值的报告公布于众。该委员会还要审查其所确定的最低价值是否得以落实，并公布关于转让运作具体办法的政府公报。

附录一　海外经验对中国国企改革的启发[1]

“他山之石，可以攻玉”。我国的国企改革一直是理论界探讨的热点，但改革的关键是要抓住问题的实质。以我国的所有制是社会主义公有制为主体为由而拒绝推开窗口放眼世界，这是思想上的闭关锁国。深化国企改革是继续“改革”的过程，也是继续“开放”的过程，是改革开放的深化。

诚然，西方资本主义体制与我们社会主义体制有着本质区别；但是，在这里如果不是泛泛而谈公有制，而是把国企定义为属于国家所有的资产、且是交由政府运作的资产，那么，资本主义制度下，也有“国企”。只不过，名称上并不称之为“国企”，而以其他名义表述。为了表述准确，本文命名为“政府企业”。既然是政府企业，就由共性，基于微观视野，这类企业的管理经验与运作模式也值得参考。新加坡淡马锡公司和香港外汇基金的两个典型案例，值得参考与借鉴

一、新加坡模式：淡马锡公司

新加坡淡马锡公司成立于 1974 年，是由新加坡财政部以私人名义注册的一家具有政府背景的公司。目前，该公司控制了新加坡电信、航空、地铁、电力等几乎所有新加坡最重要的行业。据外部机构估算，淡马锡公司所持股票市场价值占到了新加坡股票市场总价值的 47%。新加坡的经济模式被称为“国家资本主义”，即国家通过控制私人企业进行投资，主导以私人为主的资本市场，控制国家的经济命脉。

新加坡淡马锡公司的成功有耐于三个方面：一是产权明晰，政企分开。新加坡政府明晰了国有资产的所有权，将行政管理和日常经营分开。但是，考虑到公司经营的稳定性以及合规性，政府对公司的经营活动做到监管但不干预。如政府派遣公职人员到公司任职，参与公司的日常决策活动；重大投资项目需要向财政部申报备案等。二是完善各种制度，注重公平竞争。新加坡政府鼓励公司参与市场竞争，在资金、税收等方面不给公司任何优惠政策，即便是新成立的公司，贷款利率同样按当时资本市场利率结算。三是实行目标管理。新加坡政府对淡马锡的监管不求面面俱到，而是“抓大放小”，重点监管淡马锡公司的领导层；制定经济考核指标；审批公司的投资项目；分析公司提交的财务报表等。

二、香港模式：香港外汇基金

香港外汇基金成立于 1935 年，是香港外汇储备的唯一场所，外汇基金的管理机构为香港金融管理局。根据香港《外汇基金条例》规定，外汇基金的用途在于影响港元汇

1　邓靖．《海外经验对中国国企改革的启发》，《瞭望中国》，2013 年 12 期。

价及维持香港货币与金融体系的稳健性。外汇基金从成立至今，表现出了优异的发展业绩，特别是1998年香港金融危机期间，外汇基金成功的完成了“官股”减持目标，被业内公认为政府基金的典范。

香港外汇基金的成功之处在于政府将行业准入监管和行业自律相结合。在市场准入监管方面，主要有三点：一是投资比例。为了分散外汇基金的投资风险，政府规定了一系列硬性指标。如基金持有任何单一发行人的证券数量不得超过该基金总资产净值的10%；基金投资于非套期保值的认股权证与期权的价值不得超过基金总资产净值的25%；基金用于非套期保值的期货合约价格净值不得超过该基金总资产净值的20%；基金不得将大于总资产净值的10%投资于其他基金等。二是投资方向。香港监察委员会对外汇基金投向金融领域及其他高风险行业进行了严厉管制，并且，规定基金不能投资于任何类别的地产；不能将超过基金总资产净值的10%用于卖空等。三是禁止性条款。为了保持基金的公平、公开、公正性，政府禁止基金投资与公司高层有财产关系的证券；为了防止财务危机，基金负债率不得超过总资产净值的25%；为了保证基金资产不被挪用，基金非现金资产的70%必须反映基金投向的目标以及范围等。

在行业自律方面，香港成立了投资基金公会，公会会员分为两类，一类是正式会员，包括基金管理公司；另一类是联席会员，多为律师、会计师及其他参与基金管理的公司。公会协助证监会开展工作，要求会员自律。同时，它又代表行业利益，搜集业内意见，及时向证监机构反映，并进行各种基金宣传活动等。

三、管理政府企业的经验与模式

新加坡和香港对政府管理政府企业的监管模式，有如下三大共性：

第一，取消政府企业的级别限制，对政府企业进行市场化改革，引入竞争机制。

第二，政府对政府企业监管的目的是维护市场信心，并不干预其日常经营活动。

第三，对政府企业实行目标管理，强调经营业绩。

星港模式，其实也是其他资本主义政府企业共同的管理及运作特点。其他国家和地区的改革实践已经证明，对政府企业的改革不是彻底取缔；而是要在市场化进程中提升其运行效率，真正为国家的可持续发展提供支撑。从国际普遍经验来看，政府企业改革重在取消行政级别，引入竞争机制，走市场化之路。

四、我国国企改革能否借鉴海外经验

国企改革不是闭门造车，而是放眼世界，既然国企改革是“改革”与“开放”的结合，就没有理由拒绝借鉴海外经验。

回顾我国国企改革的历史，从放权让利，到承包经营责任制，再到建立现代企业制度都伴随着阵痛。但“痛则通，不痛则不通”。国企的改革已经步入深水区，再也不能“摸着石头过河”了，市场化之路应该是大势所趋。

首先，取消国企的级别限制，明晰国有资产的产权，将国企推入市场，引入竞争机制，提升国企的经营效率。国企应该也必须向其他私人企业一样，融入市场，建立现代企业制度，淡化行政色彩，规范内部管理层级，完善绩效考核机制，注重人力资源的培养，杜绝人浮于事的工作作风等。

其次，改变政府对国企的监管机制。政府对国企的监管应该重在维持市场秩序，提供公平竞争的市场环境，减少对国企的经营干预。完善外部监督机制，及时披露国企的投资信息，加大宣传力度，发挥公众及新闻媒体对国企的监督作用。

再有，对国企实行目标管理。政府可以考虑设立相关指标，规范国企的经营方向。如为了提升公司的经营业绩，可以设定经济考核指标；为了防范公司的经营风险，可以设定财务指标，定期分析公司的财务报表，对公司的投资项目进行备案审批，成立专门部门不定期的对公司经营情况进行实地调查等。

当然，就中国的实际情况来看，国企改革不仅涉及经济利益，还存在政治问题，牵一发而动全身，在实际过程中，不可能一蹴而就，应该循序渐进，逐步推行市场化改革。

第六章 国有资本运营公司的设立及任务

国有资本运营公司与国有企业是不同类型的法人实体，二者在经营主体、经营对象、经营形式、经营手段以及利益层次等多个方面存在区别。设立国有资本运营公司是国有资本运营的重要中间环节，也是提高国有资本运营效率的重要前提。在国有资本运营公司的设立中必须遵循一定的原则，形成完备的以董事会为核心的公司治理结构，从而完成管理国有股权、优化国有资本配置的重要任务。

第一节 基本概念及内涵

简言之，国有资本运营公司就是以国有资本为运营对象的公司，即以国有企业产权或股权为经营对象，或者以企业中的国有股权或国有产权为经营对象的公司。

一、基本特征 国有资本运营公司具有以下特征。

第一，国有资本运营公司是经营实体，是国有资本的终极所有者或所有者代表遵循一定的程序授权或委托成立的资本经营实体。现行体制下，我国国有资本的所有者代表是我国政府。因此，国有资本运营公司必须由政府通过一定的程序设立。政府对国有资本权利的行使依据现代企业制度，其权利基础是依据国有资本的所有权及其派生出来的权利，属于私权利，而不是政府的公权力。国有资本运营公司是由国有资本终极所有者代表即政府遵循一定的程序授权或委托的资本经营实体，并对其受托可支配的国有资本进行经营。

第二，国有资本运营公司是国有资本的微观运营主体。国有资本是一个集合概念和宏观概念，国有资本运营公司是微观主体。我国国有企业数量众多，在现代企业制度下，其资本总量极为庞大。任何单个资本运营公司经营如此庞大的国有资本都将难以胜任，必须按照一定的原则和程序组建若干国有资本运营公司，化整为零，作为国有资本整体的多个微观经营实体开展资本运营。国有资本运营公司与市场经济环境下其他经营实体类似，是参与市场活动的主体之一，遵循《公司法》及相关法律，依法进行经营。

第三，国有资本运营公司的根本目标在于其所经营的国有资本价值增值。资本是否增值是衡量其目标完成与否的重要标志。国有资本运营公司的运营过程就是对其受托可支配的各种资本进行动态调整的过程，是以资本的运动性为具体特征，通过一系列资本运动实现增值的整个过程。从这个意义上看，国有资本运营公司对国有资本的经营是一个系统经营过程，而不是一次性的投资或资本配置。

第四，国有资本运营公司的经营对象是企业股权、股份或产权。与一般公司或企业以产品或劳务为经营对象不同的是，资本运营公司的经营对象是企业的股权或产权，主要通过优化资本的配置，注重资本的流动性，提高资本运行效率，达到资本增值的目标。

第五，国有资本运营公司必须是国有独资公司。它是由国有资本所有者授权的微观经营主体，是国有资本的人格化代表，必须保持完全由国有资本终极所有者或所有者代表所有，即国有独资，以此来保证国有资本运营公司作为国有资本运营的微观主体，以区别私人资本或其他资本。

二、资本经营与法人资本经营的区别

这里所指的企业法人资本经营是指资本的终极所有者投资所形成的法人。在社会主义市场经济产权制度下，从权属角度来看，资本的终极所有者主要包括私人所有、集体所有以及国家所有三种类型。相应地，与资本终极所有者相对应的资本经营就成为终极所有权资本经营，包括私人资本经营、集体资本经营和国有资本经营三种形式，其他形式的资本经营都是这三种资本经营形式的派生形式。集体资本与国有资本是集合概念，这两种资本经营在资本所有者层面就开始出现委托—代理，这与私人资本存在根本区别。因此，在实际运行中，私人资本经营与集体资本、国有资本经营的具体形式上也存在一定差别。前者可以采取自然人或者法人的形式经营，而集体资本和国有资本必须采取法人的形式经营，由法人作为集体资本或国有资本的终极所有者代表进行经营。在现有企业制度下，终极所有权资本一旦投入企业，则被投入企业成为市场独立的法人。国有企业法人同样也具有进行资本经营的权利，但与国有资本运营公司的资本经营相比，二者则存在区别，主要区别在于前者是法人资本经营，而后者是终极所有者资本经营，前者由后者派生出来。

国有资本运营公司资本经营与企业法人资本经营层次不同。前者具有终极所有权意义，是第一层次，也只有一个层次，后者则属于终极所有权资本的派生资本经营。三种终极所有权资本中的经营其结果都可以形成带有终极资本所有者类型的独资法人企业，即有个人独资、集体资本独资和国有资本独资的法人企业。这类独资法人企业具有资本所有者性质，即分别属于个人所有、集体所有和国家所有。当私人所有、集体所有和国家所有三种不同类型的终极所有权资本共同投资形成企业，则形成具有独立法人地位的混合所有制企业。以此类推，终极所有权资本与各种类型的独资企业法人或混合所有制企业共同出资，同样可以组建新的独立的企业法人。因此，国有资本运营公司属于第一层次的资本经营，而企业法人资本经营则属于后继层次或派生的资本经营。

国有企业是市场上的独立法人，国有企业法人资本经营是一种法人产权意义上的资本经营。国有企业法人资本经营的主体是国有企业法人，而国有企业的所有者又是国家。在国家授权国有资本运营公司经营国有资本的情况下，国有企业的所有者理应是相对应的国有资本运营公司，由国有资本运营公司行使国有企业的国家所有权。简而言之，即国有资本运营公司代表国家进行终极所有者资本经营，而国有企业法人资本经营仅是代表国有企业法人的资本经营，仅代表企业，不能代表国家。国有企业法人资本经营是在国有资本运营公司资本经营的基础上，再生或派生的“后继层次”或者“派生形态”的企业法人资本经营。

从经营结果上看，国有资本运营公司可以与其他性质的资本共同出资形成混合所有制企业，也可以运营公司独资成立法人企业。国有企业法人进行资本经营具有同样的结果，与其他资本共同出资形成企业，或者独资成立子公司。

从经营责任上看，二者遵循的都是有限责任经营的原则，都是在出资范围内承担其资本经营行为产生的后果。

三、国有资本运营公司与国有企业的区别与联系

国有资本运营公司与国有企业联系密切，但又存在诸多区别。国有资本运营公司与国有企业在经营形式上均为法人经营，但并非同一性质的经营活动。作为国有资本的微观经营主体，国有资本运营公司为了特定的经营目的进行资本投入选取特定的经营对象，就会形成其参股或控股的企业。从产权或所有权意义上看，国有资本与私人资本等非国有资本或各种企业法人资本共同出资所形成的企业在性质上属于混合所有制企业，不是国有企业。只有国有资本独资形成的企业才能称为国有企业。两者在形式、内容、主体和利益关系等诸多方面都存在联系与区别。

（一）联系

二者具有不可分割的内在联系，两者相辅相成、相互促进。资本是形成企业的基础，资本运动以企业为载体，企业是资本运动的延伸。资本经营者与企业经营者形式和内容上联系紧密，利益上息息相关。资本形式和结构上的变化可能影响和改变企业的经营基础和经营方向，进而影响投入企业的资本经营者的利益。企业经营效益的好坏，也必然会影响资本的收益。首先，资本经营与生产经营都属于企业经营的范畴。资本经营是在产权制度的不断完善和生产经营规模不断扩大的前提下产生的。其次，资本经营虽然与企业生产经营经营的对象、手段不同，但资本经营最终都是以企业生产经营为基础，必须服从或服务于企业生产经营。只有资本所持股的企业获利状况良好，资本经营才得以顺利进行，实现资本收益，才能获得良性循环，资本提高资源配置效率的作用才能显现出来。最后，资本经营能迅速扩大企业的生产规模，实现企业的规模经济效益，如兼并、收购或重组等资本经营手段能迅速降低企业进入新行业、新市场的成本，极为迅速地扩大企业的规模，扩大市场份额，获得竞争优势。

（二）区别

二者虽然都以法人实体经营为具体表现形式，但并不是同一性质的经营活动，其区别主要表现在经营对象、经营形式、经营内容、经营主体以及利益层次等方面。

1. 经营对象方面

传统国有企业主要是以各种生产资料为基础，主要以生产商品（或劳务）为目的，

通过不断降低成本、提高生产效率、扩大企业规模、增强商品（或劳务）的市场竞争力来获取最大利润的商品（或劳务）生产和经营活动。其进行生产的基础是物化的各种生产资料，如机器、厂房和生产原料等。生产经营的核心问题是依据市场供求关系的变化或趋势决定生产什么、生产多少以及如何生产，主要关注的是产品的生产、研发和质量等。企业的投资活动也主要围绕产品的生产进行，如机器、厂房等固定资产的更新换代、改建扩建等。其生产经营的收益主要来自产品的销售收入与成本的比较，通过产品在市场上的销售而获得利润。

国有资本运营公司的经营方式则与传统国有企业的生产经营不同。国有资本运营公司主要从事资本经营，一般跳过产品这一中间环节，以资本的直接配置或运动等方式来实现资本增值，以证券化或价值化了的物化资本即企业股权为经营对象。资本经营的核心是优化资本配置结构，提高资本运行效率，实现资本增值。经营的主要手段是参股、控股、兼并、收购或重组等，通过这些手段实现资本的优化配置。资本经营的收益则主要来自生产要素优化配置后生产效率的提高所带来的持股公司的收益增量，如所参股企业的股息、红利，或所持有股份通过资本市场转化为价值形态所形成的收益。

2．经营形式方面

从经营形式上看，资本经营表现为对资本进行有效配置，企业经营则是一种生产经营行为。企业的资本来源可以多元化，但资本一旦投入企业，购买机器、厂房、劳动力等生产资料，就转化成企业的法人资产，必须以企业为基本单位，由企业以独立法人的身份自主经营。资本的所有者职能按照对企业出资的比例享受相应的权利并承担相应的责任，企业的经营者则依据现代企业制度在出资人的约束下对企业进行经营。因此，企业主要采取法人经营的形式。资本经营则表现为资本所有者的行为。在社会主义市场经济条件下，从资本的终极所有者来看，资本可以大致分为私人资本、集体资本和国有资本。国有资本运营公司是国有资本的微观经营主体，主要表现为国有资本所有者对资本进行支配和投资的行为，依据一定的原则和标准将其拥有的国有资本投资于符合条件的领域和经营对象，其主要表现形式是一种资本所有者对资本的支配行为，经营形式也是对所控制的国有资本进行配置。

3．经营内容方面

从经营内容上来看，国有资本运营公司运营主要涉及国有资本与所投资企业之间的联系及连接方式等问题，即对所投资企业持有股份比例的大小与相应的权利行使，可以看作是一种“经营企业”的经营行为，即主要以企业的所有权为经营对象，更为关注的是资本在不同企业之间的配置效率。对于所投资的单个企业，则其关注的是企业的整体经营效果，其资本经营行为则能引起所投资企业产权结构的变化。而企业经营则主要是以提高生产率、降低单位产品成本为目标的经营，主要手段是利用经营者的经营能力，对企业法人资产以盈利为目标进行经营管理的行为，其关注的内容主要是经营管理能力与企业法人资产相结合所产生的经济效益，其经营行为引起的是企业整体经营效果的不同和对企业所有者利益关系产生的影响。因此，国有资本运营公司的资本经营活动是国有资本所有者以资本为手段进行经营企业的活动，而企业经营则是主要体现为以营利为目的的企业法人生产经营活动。

4．经营主体方面

从经营主体上来看，资本运营公司的经营主体是所有者或所有者代表聘请的职业经理人和经营团队，在公司董事会的决策下经营。而企业经营的主体则表现为企业经营者或职业经理人。资本运营公司资本经营主要是从国有资本的保值和增值的目标出发，合理选择资本的投向。企业经营则表现为法人经营，其经营主体表现为企业法人资产的经营者，追求的是企业的完整性、运营的稳定性，具有相对于投资人独立的经济利益。

5．利益层次方面

从利益关系上讲，国有资本运营公司经营活动主要关注的是出资人即国有资本所有者或其代表利益，其具体表现是企业的整体经营效果。国有资本运营公司的资本经营活动的载体是企业，其经营目标的变化将导致企业的产权结构和治理结构的变化，资本增值程度也依赖于所投资企业的整体经营效果。因此，国有资本运营公司关注的是企业经营的最终状态和结果，相对而言，对企业的实际经营过程关注程度较小。企业经营活动则与各方面利益都关系密切。企业经营是一种系统的经营活动，受多方面利益影响，不仅与出资人利益高度相关，而且与企业员工、供应商、目标市场主体等各方面利益都紧密关联。因此，企业法人作为国有资本运营公司资本运营的载体，关注的更多是企业经营以及与经营相关的各方面的利益。

第二节　设立国有资本运营公司的必要性

设立国有资本运营公司是实现政企分开、政资分开的有效途径，有利于增强国有资本的控制力和影响力，扩大国有资本的经营杠杆，为非国有资本提供更多的投资渠道。国有资本运营公司通过董事会实现对公司的决策与经营，能大幅减少类似于国有企业的行政岗位，解决国有企业管理人员行政待遇问题。国有资本运营公司设立后将成为与非国有资本公平竞争的市场主体，有利于国有资本在不同行业之间的快速流动与配置，提高国有经济的规模效应。

一、实现政企分开、政资分开的有效途径

从与政府的关系角度来看，国有资本运营公司是介于政府国有资产监管部门与实体企业之间的资本桥梁，可以使实体企业避免过多的政府行政干预。长期以来，我国政府部门对于社会公共管理与国有资本所有权管理两种不同职能的权力行使采取的主要都是行政管理的方式。实际上，这两种权利力属于不同的管理范畴。政府对于社会的公共管理的基础是国家行政权力，目的是促进社会的有序发展。政府对于国有企业的管理则是基于政府是国有资产的所有者代表的权利，属于物权范畴。这样的直接后果是政府对企业的干预过多，不论对于政府各部门还是国有企业生产经营，都直接用下达行政命令的方式进行，导致国有企业的目标多元化，既要保持企业营利，又要承担相应的社会责任和行政责任，干预了企业的正常运行，限制了企业资产的合理流动和优化重组。

相对于国有资产监管部门拥有对国有企业的直接管理权力而言，政府对国有资本运营公司的权利主要来源于其作为国有资本所有者代表的权利，而不是政府公权力。国有资本运营公司则承担政府授权范围内的国有资本运营业务，并不直接从事劳务或商品的生产业务。国有资本运营公司则通过行使对出资企业的股东权利而对出资公司进行管理并获取相应的资本收益。这就一定程度上避免了政府直接通过行政命令干预国有资本出资公司的企业生产经营活动。当然，要缓解政府对实体企业的干预必须还具备一定的条件，一方面国有资本运营公司的董事会成员和企业管理人员具有丰富的专业知识和业务经验而具有较少的行政色彩，另一方面国有资本运营公司对出资企业的管理必须是依据股东对企业的权利进行，而不应具有任何特权，通过国有资本持股比例的大小对出资企业行使相应的权利。

二、增强国有资本的控制力和影响力

国有资本运营公司的设立，必将大大减少纯粹国有企业的数量，提高国有资本的经营杠杆，增强国有资本的控制力和影响力。只有少数为社会公众提供公益服务以及涉及国家安全的采取 100% 国有资本控股的国有企业，绝大部分国有企业将通过股权的出售

而成为国有资本运营公司与非国有资本共同持股的混合所有制企业。在这个过程中，一方面，对于国有资本而言，加大了等量国有资本所能控股的总体资本数量。国有资本运营公司对原国有企业的控制也将根据不同的持股比例而分为绝对控股、相对控股以及参股，控制相同的资本数量所需的国有资本数量会成比例地减少。而国有股权出售所获得资本可以继续进行新的投资，控股、参股新的公司。另一方面，对于社会资本而言，为我国数量巨大的社会资本提供了更多投资渠道。非国有资本可以通过购买国有股权或者与国有资本共同出资成立混合所有制企业，在某些领域由国有资本控股或绝对控股，在另外一些领域则可以由非国有资本控股，国有资本参股。社会资本不仅可以投资政府允许的投资范围，还可以通过与国有资本共同出资形成的混合所有制企业投资仅限于国有资本投资的范围。

三、吸引社会优秀人才

通过国有资本运营公司对国有股权的专业化管理，一方面可以大大提高国有资本的效率，另一方面为长期存在的国有企业行政待遇问题提供解决之道。国有资本运营公司主要通过现代企业制度中的董事会实现对国有资本的控制，通过职业经理人队伍实现公司的经营。每个国有资本运营公司可以根据业务需要设定 7 ～ 15 名的董事会成员，实行共同决策，而具体运营上可以聘请专业的职业经理人队伍进行。这样，每个国有资本运营公司具有政府背景的董事仅限于 7 ～ 15 名，而具体运营人员实现市场化招聘，通过市场化的招聘吸引优秀的人才进入公司的运营管理层，而不必赋予这些人员以对应的行政级别和待遇。对于国有资本运营公司控股或参股的企业，则是混合所有制企业。国有资本运营公司根据所持有股份大小对混合所有制企业行使股东权利，通过对出资企业董事会的控制实现对企业的经营决策。此种方式既可以解决公司的管理岗位的行政级别问题，也更有利于从市场选聘专业的职业经理人进行公司管理。在现有的条件下，国有企业的管理岗位都带有一定的行政级别，也只有相同级别的干部才有资格担任同级的管理职位。这种方式大大限制了公司高层管理人员的选聘范围，对于没有对应行政级别的职业经理人，完全没有机会担任公司的高层管理人员。解决行政级别问题之后，市场上优秀的职业经理人才有机会进入国有资本运营公司担任高层管理人员。

四、塑造公平竞争的市场主体

近年来，国有企业与民营企业不公平竞争的现象受到广泛质疑。国有企业的高管具有相应的行政级别，经常可以与政府行政职位进行调换。国有企业凭借其政府背书的优势，获得了大量信贷、税收、土地、许可、准入以及政策等各个方面都比民营企业享有更多的优惠。在国有企业经营困难时，通常享有政府补贴。国有企业营利时，上缴的红利又较少。由此造成的国有企业与民营企业之间的不公平竞争饱受质疑（郑健钳，2014），国有企业也受到多方面的攻击，如“国进民退”论、“国有企业腐败”论以及“国有企业与民争利”论等不利言论，严重影响了国有企业的社会形象。

国有资本运营公司是国有资本与非国有资本实现市场公平竞争的主体。成立国有资本运营公司后，股权100%为国有资本所有的国有企业数量大幅减少，现有的大量企业将是由国有资本与非国有资本共同持股的混合所有制企业，国有资本与非国有资本则通过各自所持有公司股份的比例依法对企业行使股东权利。混合所有制企业也不具备过去国有企业由政府背书的优势，企业的经营管理业绩与国有资本与非国有资本都息息相关。企业经营业绩好，国有资本与非国有资本都获得利益，企业经营不好，国有资本与非国有资本共同承担企业亏损。

五、改善国有资本的配置效率

国有资本对行业的配置主要依据经济和社会发展对国有资本的需求来进行。不同的发展时期，国有经济需要控制的行业和领域略有不同。改革开放以前，我国国有资本分布于所有行业，既包括石油、运输、钢铁、军工等重要行业，也包括衣、食、住等涉及国民基本生存、生活的基本行业。随着社会的发展，我国的国有资本布局改变过去各行各业极为广泛的分布方式，逐步集中于涉及国家安全和国民经济命脉的行业，并且不断投向国民经济基础性和支柱性的行业和领域。现阶段，党的十八届三中全会《关于全面深化改革若干重大问题的决定》明确指出，“国有资本投资运营要服务于国家战略目标，更多投向关系国家安全、国民经济命脉的重要行业和关键领域”。

对于国有资本实现配置的实现方式，主要包括行业的进入或退出。对于进入某一行业，一方面可以通过机器、厂房等固定资产的投资建设实现，另一方面则可以通过购买相关企业的股权，实现对企业的控股或参股实现。对于退出（或部分退出）某一行业，则可以通过出售相关国有企业的股份实现。传统的进入方式主要是依靠机器、厂房等固定资产的投资建设实现，其主要特点是周期比较长，时间成本比较高。

以国有资本运营公司为基础对国有资本在不同行业进行配置可以大大提高效率。一方面，国有资本退出或部分退出可以通过出售国有企业的全部或部分股权，使国有企业转变为混合所有制企业。另一方面，对于希望进入的行业，则可以通过购买相关企业的股权，实现国有资本的快速进入，或者通过与非国有资本共同出资形成新的混合所有制企业，实现国有资本快速进入某一领域。

六、有利于提高国有经济的规模效应

国有资本运营公司有利于提高国有经济的规模效应。国有资本运营公司的成立有利于根据企业经济、技术以及产业发展的内在联系，通过对控股、参股等方式所控制的公司进行整合、兼并等资本活动，形成具有更大规模的企业，发挥旗下控股企业的协同优势。通过对现有大量资本进行合理配置和重组并实行统一规划，创造出比原有单个企业总量大得多的企业规模，提高企业的规模经济，形成一支被国有资本所控制、具有强大实力、能够参与国际市场竞争的企业队伍。

第三节 国有资本运营公司的设立原则和方式

在厘清国有资本的范围以及国有资本运营公司的基础上，设立若干国有资本运营公司，构建国有资本的微观运营主体就成为必然。经过多年的发展壮大，我国国有资本的数量极为庞大。从管理层次来看，既有国有企业的管理主体既包括中央政府，也包括地方政府。中央层面的国有企业既包括国务院国资委管理的中央企业，又包括国务院以及国务院各部委管理的企业。仅以国务院国资委管理的中央企业为例（祝和良，2012），2011 年，中央企业的资产总额为 28 万亿元，净资产 10.7 万亿元，实现营业收入 20.2 万亿元，实现净利润 9173 亿元，上缴税金 1.7 万亿元，业务范围涉及航空航天、石油、石化、煤炭、电信、电力、冶金、航运、汽车、建筑、商贸等基础行业和核电、风电、电动汽车等战略性新兴产业。要规范设立国有资本运营公司，以对规模如此庞大的国有企业资产进行有效管理，必须遵循一定的原则，采取一定的方式。

一、国有资本运营公司设立的原则

这里所指的国有资本运营公司设立的原则，是指动态的原则，既指在国有资本运营公司初始设立的原则，又包括国有资本运营公司在运营一段时间后根据资本收益进行不同国有资本运营公司之间的拆并等原则。

（一）成本最小化原则

国有资本运营公司设立的过程中必须遵循成本最小化原则。由于我国国有企业资产数量庞大，覆盖行业极为广泛，涉及就业人员众多，在国有资本运营公司设立的过程中不可避免地会对现有国有资产管理体系和国有企业造成冲击，同时也会带来众多设立成本，设立的过程中必须尽可能地减少成本。其中主要是人员安置成本，设立国有资本运营公司意味着国有企业数量减少，大部分国有企业将改革成混合所有制企业，现有国有企业高级管理人员减少，由政府派驻的国有资本运营公司的股东董事数量较国有企业的高级管理人员数量会大幅减少，也就意味着现有体制中带有行政级别的企业高管数量的大幅减少，这些带有行政级别的国有企业管理的安置需要付出较大的成本。

（二）提高效率原则

提高效率原则主要是指三方面。一是保持市场适当的竞争态势。国有资本运营公司设立的过程中，应充分考虑行业和产业特点，不能因为国有资本运营公司的设立而产生新的垄断，应保持市场竞争，让市场竞争机制淘汰落后的生产力和生产方式，保证相关行业和产业生产技术的不断进步和生产效率的不断提高。二是需要产生新的规模效应。对于组织结构、生产技术相似或相关的国有企业，在设立国有资本运营公司进行股权管理后，需要产生一定的规模效应，即整合具有类似功能的国有企业，降低生产运营成本。如果国有资本运营公司的设立反而会降低生产率，随着生产规模的扩大反而提高生产成本，产生“规模不经济”，这是与资本运营公司的设立背道而驰的，需要重新设立、整合。三是应避免恶性竞争。国有资本运营公司的设立应考虑到相同行业企业之间的恶性竞争问题以及由此带来的国有资本利益损害等问题。典型的案例如具有相似产品结构的中国南车与中国北车，在对外投标过程中的恶性压价[1]，直接导致国有资本收益大打折扣，甚至亏损。在国有资本运营公司设立过程中必须避免这样恶性竞争的状况出现，保障国有资本的收益。

（三）合理确定投资范围原则

国有资本运营公司的设立必须明确其投资范围。对于不同的资本运营公司，应根据行业和产业的特点，合理确定其投资范围。在现有模式下，可以通过两种方式确定国有资本运营公司的投资范围：一是采取正面清单的方式，即指定国有资本运营公司的投资范围，包括能投资的产业、行业，对于指定范围以外的行业或产业，不得进行投资；二是采取负面清单的方式，即确定国有资本运营公司不允许投资的范围，负面清单之外的领域，国有资本运营公司可以综合其产业前景、资本收益情况等方面的判断，决定是否投资。由这两种方式确定的国有资本运营公司的投资范围的更改，应由政府或国有资本监督管理部门按照一定的程序予以修改。投资范围一经确定，必须遵守。

（四）适度规模原则

国有资本运营公司在设立过程中需要保持适度的初始规模。国有资本运营公司初始规模的设置十分关键，规模太大，容易导致运行成本较高，规模太小，则很难起到资本运营公司应有的作用。应根据不同的行业规模特点，合理确定国有资本运营公司初始规模的大小。

（五）分步实施原则

庞大的国有资产和国有企业数量决定了在国有资本运营公司设立过程中不可能一步到位，需要进行分步实施。一方面，必须制定相应的改革计划，确定完成国有资本运营公司设定的时间目标。另一方面，对于资本运营公司设立应先易后难，对于产权相对简单的国有企业，对于已经充分竞争行业领域中的国有企业，可以先行进行资本化管理，设立相应的资本运营公司。对于产权关系复杂，应在实施当中谨慎操作，避免国有资产流失。

（六）优胜劣汰原则

不同的国有资本运营公司会有不同的经营行为，带来不同的资本收益率。为了促进国有资本运营公司合理的成长性，保证国有资本的保值增值，必须采取优胜劣汰原则。

1　央企海外矛盾尖锐：北车状告南车阿根廷削价竞争，新浪网：http://finance.sina.com.cn/chanjing/gsnews/20130608/092915746405.shtml。

对于达不到行业平均收益水平的国有资本运营公司，应由政府部门或国有资本监管部门根据一定的原则实施拆分并入其他具有较高资本收益率的国有资本运营公司。

二、国有资本运营公司的设立方式

在遵循以上设立原则的基础上，国有资本运营公司可以采取两种设立方式。

第一种方式是成立新的国有资本运营公司。以国资委管理的中央企业为例，根据新成立的国有资本运营公司的投资范围，将现有中央企业相关业务企业的国有股权纳入新成立的国有资本运营公司管理。由新的资本运营公司对股权进行管理，根据国有资本运营公司对持股企业的不同股权比例，分别依据绝对控股、相对控股以及参股的管理方式对持股企业进行管理。国有资本运营公司可以对具有相似经营范围的持股企业进行资产重组、合并，扩大优势企业规模，减少重复投资，促进企业经营效率和国有资本的收益率的提高。

第二种方式是将现有国有企业总公司或集团公司改建为国有资本运营公司。首先，剥离总公司或集团公司的商品或劳务的生产业务，使其成为控股公司。例如，中央企业中的中石油、中石化、中海油、中国电信、中国移动以及中国联通等总公司或集团公司，剥离这些公司的生产性业务，使其先成为纯粹的控股公司。其次，再根据产业或行业需要，将控股相似产业或领域的控股公司进行合并，成立新的国有资本运营公司。例如，将中石油、中石化与中海油的控股公司合并为一个国有资本运营公司，将控股公司所控制的国有股权划归合并后的国有资本运营公司进行管理。最后，在新成立的国有资本运营公司的基础上，实现同类持股企业间的重组、合并等经营活动，进行新的投资业务，进而提高国有资本的收益率。例如，将中石油、中石化或中海油下属的实体企业间的海外竞争性业务进行合并等，减少同类企业在海外的恶性竞争，提高国有资本的收益率。

第四节　国有资本运营公司的治理结构

国有资本运营公司的治理结构主要是基于国有资本保值增值的基本目的，有效界定公司董事会、监事会以及经营管理者之间的相互关系以及制度性的安排。一方面，实现国家对国有资本运营公司的有效控制。另一方面，吸引优秀的人才对国有资本运营公司进行管理，促进国有资本的保值增值。国有资本运营公司是国有资本独资公司，国家是其唯一股东，政府对国有资本运营公司的控制手段应以董事会和监事会的成员任免权为主。因此，国有资本运营公司的治理结构必须在国家或其代表，即政府的主导下依据现代企业制度以及经济规律对董事会、监事会进行科学合理的配置，建立以董事会为决策核心和以监事会为内部监督核心的公司治理结构。

对于国有资本运营公司的治理结构，中国投资有限责任公司与新加坡淡马锡控股公司提供了很好的参考，其一些核心理念和主要模式为我国国有资本运营公司提供了参考。淡马锡公司在治理模式上具有鲜明的特点（张善，2007；徐建荣，2009；张占奎、王熙等，2007；王文、崔胜朝，2009；王灏，2011）：一是独特完善的法人治理结构，公司拥有健全的董事会制度；二是充分有效的约束机制，能有效地从外部、内部以及所有权三个方面对公司实施有效的监督，约束公司各利益方的行为，形成内部制衡机制和对董事会成员良好的约束和激励机制；三是淡马锡公司拥有“积极活跃股东”的企业定位理念、“积极谨慎的投资者”的企业发展理念、“能者居其位”的人才理念以及“一切以商业价值最大化为原则”的商业决策理念，在这些理念的引导下，淡马锡能够保持始终以市场为导向、以营利为目标进行经营；四是新加坡政府对淡马锡秉持“善意的无为而治”的管理理念，新加坡政府避免参加企业的各项商业决策确保了淡马锡不用受到政府的行政干预，能够依据市场规则从事企业经营活动。

一、董事会

董事会在国有资本运营公司的治理结构中处于核心地位，是国有资本的所有者代表，也是衔接国家利益与公司利益的重要环节。

（一）职责

董事会一方面需要接受政府对公司重大经营决策的监督，确保国有资本经营的安全性，另一方面必须防止政府对公司内部运行进行干预，真正做到国有资本所有权与经营权两权分离。

具体而言，国有资本运营公司的董事会代表国家对公司经营行为进行监管，其职能应包括五个方面：一是引导、制定、审核和批准公司的发展战略、经营目标、重大方针和管理原则，监督公司的战略制定与执行；二是考核、评价公司的整体经营业绩；三是挑选、任免及奖励公司高级管理人员；四是监督公司尤其是管理层日常运作的合理性；五是协调公司与国家之间的利益关系，确定公司需要向股东报告的重大事项。

为实现上述职责，董事会可下设多个专门委员会为其提供专业化的决策建议。例如，薪酬委员会负责制定、审核公司高级管理人员薪酬政策与具体实施方案；提名委员会主要是依据董事长、董事、独立董事、执行董事的任职标准对公司相应人员向董事会提名推荐，以保证董事会成员的正常更替；执行委员会依据董事会的授权，负责公司日常运行，对公司日常经运营中的重大事项进行研究并提出建议，包括公司基本制度的建设、机构设置和挑战、运行机制构建和完善、绩效考核与薪酬激励等重大管理事项等；风险管理委员会则主要对公司投资过程中可能出现的风险进行识别，确定风险的影响范围和影响程度，并对风险采取必要的管理或规避措施。

（二）人员构成

国有资本运营公司的董事会应根据公司规模大小、投资行业的特点以及投资业务的复杂性和广泛性保持一定的规模。董事会规模既不能太小，也不能太大，太小容易导致对投资决策不够全面，太大则运行过于复杂。从一般的规律来看，董事会成员保持 7 ～ 15 人为宜（徐宝君、陈胜华等，2007）。公司应实行董事会集体决策，公司董事长不应有特权，而应主要作为董事会的召集人，在具体决策中与其他董事权利相同，具有 1 票的投票权。

为保证董事会独立性，必须合理分配公司的股东董事、执行董事与独立董事席位。国有资本运营公司的董事会成员必须保持专业性和独立性，董事都必须具有较高水平的专业知识和能力以及个人品德。股东董事应由政府部门依据任职条件从政府部门选派，保持着董事会中一定比例的席位（如 30% ～ 50% 席位）。股东董事应保持政府公务员的身份，其薪资由政府发放，薪资水平可以在对应基本公务员基础上保持一定的上浮空间（如 2 ～ 3 倍），公司业绩应作为其级别晋升的重要条件之一，任期应以届为单位，可连选连任。独立董事由董事会提名推荐，由政府任命。独立董事必须是国有资本运营公司以外并与公司没有业务关系的人员担任。对于独立董事的提名应主要从学历、专业技术与知识、与商业（广义的概念，不仅指商贸）相关经历、领导能力、道德品行等方面进行考察。总裁应作为公司的执行董事进入董事会，是运营公司管理层在董事会的代表。除股东董事外，独立董事和总裁应由董事会向政府部门提名，由政府部门批准。董事会下设委员会主席应由独立董事担任，保证每位独立董事都可以完全依据自己的判断进行表决而不受其他任何人的影响，以此来保证委员会的独立性。

董事会成员必须建立合理的人员流动机制。对于董事的任期，一般应以届为单位。首届任期可设置为 1 ～ 2 年。董事会若认为其不胜任，到期后可不再重新提名聘任。对于首届以后的任期，一般应以 2 ～ 3 年为单位。董事会应每年进行一定数量董事的更换。

二、监事会

公司监事会是公司的监督机构，负责履行公司内部监督职责，监督公司董事和执行人员的职责履行情况，确保公司有序运转，对发现的问题直接向政府报告。

（一）职责

监事会具体职责包括：

（1）主管公司内审部门，负责选聘外部审计机构，监督公司会计和财务状况；

（2）通过组织开展投资业务与经济责任审计，促进公司提高投资管理水平、强化投资意识；

（3）通过组织开展年报与财务专项审计，促进公司加强财务管理，通过对内控、风险管理制度开展评估审计，促进提高内控、风险管理的健全性与有效性；

（4）对董事、执行人员执行公司决定的行为进行监督，对违反法律、行政法规、公司章程或者董事会决议的董事、执行人员提出整改或者罢免建议；

（5）维护公司的利益，当董事、执行人员具有损害公司利益的行为时，及时监督董事、执行人员进行纠正。

（二）人员构成

监事会的成员应主要依据监事会的职责由政府部门委派，可以由国资监管部门、纪律检查部门以及审计部门的相关人员出任公司监事会监事。监事必须保证政府公务员的身份，其薪资由委派部门发放，薪资可以略高于同级别公务员薪资（如 2 ～ 3 倍）。监事的任期期限应以届为单位，每届任期 2 ～ 3 年，其级别晋升应参考所在公司监事会职能的行使状况。对于属于监事会职责范围而又未履行的职责，应对监事会成员予以一定经济或职级上的惩罚。公司董事、高级管理人员不得兼任公司监事。

三、运行机制

首先，应从法律的高度来界定政府与国有资本运营公司之间的职能定位，保证政府既可以作为监督者监督公司的重大经营决策，确保国有资本保值增值的目标得以实现，又不能对公司内部经营管理进行干预，做到政府公共管理职能、国有资本所有权的代表职能与资本运营公司自主经营权的分离，保证政府对资本运营公司职能的不缺位、不越位，保证资本运营公司运营的独立性。以淡马锡公司为例（王灏，2011），新加坡用宪法来界定政府与淡马锡之间的关系，宪法第五号规章对公司的使命做出了规定，淡马锡必须以新加坡的长远利益为出发点进行投资，赋予了淡马锡为下一代新加坡人民资产保值增值的责任，而不仅仅是当期政府。

其次，政府对资本运营公司的控制主要以董事的任免和监事会对公司内部监督作为控制手段，应在国有资本运营公司建立以董事会为决策核心、以监事会为监督核心的企业治理结构。一是实行内外制衡的董事会人员结构。作为国有资本微观运营主体代表的董事会，在运营不受政府干预的前提下，必须在人员组成和结构上形成内部制衡机制。股东董事应与外部董事保持一定的比例。董事会在董事提名与任命的过程中必须考虑董事的资历、专长和经验，保证董事会的高素质和全面性。二是建立董事的流动机制，对董事每年进行一定比例的更换，在一定的时间内董事会成员可以全部更换（如淡马锡公司董事会每年更换1/3的董事，6年全部更换），避免董事会受到少数人的控制。三是通过专业委员会行使董事会的职能，可以由独立董事担任专业委员会的主席。四是注重保持董事会与执行人员的配合与沟通顺畅，执行人员要在熟悉公司经营的基础上为董事会提供专业化的意见和建议，不得有所留地，董事会在战略决策的过程中也必须与经营层充分协商，通过定期举行董事会与执行层的沟通会等形式保持双方的良好沟通。五是发挥好监事会的重要作用。监事会是离公司董事会、经营管理层最为接近的组织，监事会的合理履职是国有资本运营公司合法、合规运营的重要保证，监事会应在自身职责范围内做好公司内部监督，不干预公司正常的运营。

最后，在国有资本运营公司建立人才选聘、高管薪酬、财务信息定期公开等方面的公司制度。在人才选聘制度上，应建立高度国际化、市场化的人才选聘制度。国有资本运营公司的业务主要为股权管理与股权投资，不参与具体经营管理，管理资本量庞大，涉及领域极为广泛。为了尽可能地发挥资本运营的优势，资本运营公司应注重专业人才的培养与招募，在全球范围内建立能满足公司运营的高层次人才库，这些人才分别在不同行业、不同地区具有专业性的优势，互相之间能够专业互补，满足公司各方面需求，为公司独立董事及执行人员提供可选余地，确保人员的更替能顺畅进行，保持人员更替的持续性。在高管薪酬制度上，应建立与公司长远绩效挂钩的高管薪酬制度。具有竞争力的薪酬是公司吸引高端人才的重要手段之一，执行人员的薪酬制度必须与公司长远绩效挂钩，避免为了个人利益最大化进行的短期投机行为。如在淡马锡为公司，员工的薪酬分为四个部分，包括基本薪酬、福利薪酬、绩效奖金以及财富增值奖励金。其中，财富增值奖励金并不是一次性发放，而是即期发放一半，另一半则视公司未来3～12年的业绩情况逐年发放。在公司财务信息制度上，应建立定期的财务信息公开制度，以此方便国内民众及国际投资界人士随时都能仔细审查其业务，接受公众对资本运营公司的监督。从淡马锡的经验来看，财务公开披露极大地提升了外部环境对企业治理的约束以及企业的信用。

第五节　国有资本运营公司的任务

国有资本运营公司是国有资本的微观运营主体，是介于政府国有资产管理部门与国有资本持股企业之间的机构，这两者成为国有资本运营公司的主要运营关联方。国有资本运营公司必须以政府制定的国有资本的投资政策为指导，优化国有资本配置，实现保值增值。国有资本运营公司并不从事具体的商品与劳务生产业务，而是由国有资本运营公司出资的公司或企业进行。国有资本运营公司必须对出资公司进行管理。

一、管理国有股权

国有资本运营公司的重要任务之一是管理国有股权。国有资本运营公司成立之后，大部分原有国有企业的股权将由各国有资本运营公司持有并进行管理。

对国有股权的管理包括两方面的含义：一方面，是指国有资本运营公司持有出资公司股权，并依据政府的国有资本投资政策对所持有的出资公司的股权进行增持、减持等操作；另一方面，是指国有资本运营公司依据对出资公司的出资比例大小，依法对出资公司行使股东权利。依据国有资本运营公司对出资公司所持比例的大小，又可以分为绝对控股、相对控股及参股三种类型。不论是哪种控股模式，国有资本运营公司都是出资公司的股东，都拥有合法的股东权利，都必须履行相应的股东义务。对于三种不同的类型，资本运营公司对出资企业的股权权利大小又略有差异，对出资企业的干预又有所不同。

（一）绝对控股

依据《公司法》，绝对控股是指股东持有的股份占公司股本总额的 50% 以上。

在绝对控股的前提下，依据股东权利，国有资本运营公司可以完全控制出资企业。依据股东权利，可以占有出资公司董事会的多数席位。通过对出资公司董事会的控制完全能够行使公司的重大经营战略决策权、经营者选择权、收益分配权以及经营者的激励等众多权利。董事会对公司相关政策的制定也直接关系到公司的业绩好坏与否。当采取合理的激励，公司经营管理与国有股东利益一致时，通常能保证股东利益的最大化。相反，当董事会决策失误而又缺乏监督时，易导致公司股东利益受损。

在保证国有资本控制力不变的前提下，通过绝对控股的方式能够有效放大国有资本的经营杠杆，引入非国有资本与国有资本合资经营，通过等量的国有资本控制更大的资本总量。这种情形也将出现在涉及国民经济命脉的重要行业和关键领域的企业。

（二）相对控股

根据《公司法》的规定，相对控股是指股东持有的公司股份虽然不足 50%，但根据其出资额或者持有的股份所享有的表决权已经能够对公司董事会产生重大的影响。相对控股虽然持股比例达不到50%，但其对公司的控股权也是相对较大的，其表决意见对公司的决策都有重大影响。相对控股的情形主要包括涉及支柱产业、高新技术产业等行业的重要国有企业。

对于相对控股则可以根据现实情况具体分析（赵纯祥、丁振辉，2005；申心吉、曹晓勇；2004）。假设某一公司的股东包括国有资本运营公司以及三个大股东和一些小股东，国有资本运营公司持股比例为A，三个大股东持股比例分别为B、C、D。根据国有资本运营公司持股与大股东持股比例的大小比例，绝对控股和相对控股又可以定义为另外一种情形。第一种情况是大股东股权之和小于国有股权，即A＞B＋C＋D。在这种情况下，国有资本运营公司虽然是相对控股，但拥有绝对地位。第二种情况是大股东股权之和大于国有股权，即A＜B＋C＋D。第三种股权结构是存在众多分散的小股东以及国有控股股东。这三种情况基本涵盖了相对控股情形下公司不同的股权结构情况。

在第一种情形下，因国有股权比例大于其他大股东的股权之和，国有资本运营公司基本上能够控制出资企业董事会，其他大股东在公司经营决策、选择经营管理者、监督等问题上将难以与国有股东相抗衡，出资企业基本听命于国有资本代表人。但是由于其他大股东拥有较大的股权比例，他们也将依据股东权利加强对企业的监督，避免利益受到损害。

在第二种情形下，由于其他大股东具有合力与国有股权相抗衡的股权比例，国有股控股东的地位并不十分稳固，内部博弈将会比较激烈，其最终结果也将是几方面共同选择公司的经营管理人员。只有获得几大股东共同认可的经营管理人员才能够被选中作为公司的代理人，从而也可能最大限度地提高公司的内部治理效率。对于代理人的激励，将很大程度上取决于其经营业绩。如果取得的业绩令人满意，符合或超出大股东预期，可能给予经营者较丰厚的报酬和其他多种形式的激励，这也有助于提高代理人自身在职业经理人市场的价格。一般情况下，经理人的利益也通常与股东利益趋于一致，年薪以及股票期权对经理人具有较强的激励作用。

第三种情形具有和绝对控股相同的特点，因此其运营方式与绝对控股类似。

（三）参股

对于国有资本不需要控制、可以由社会资本控股的一般行业中的国有企业，可采取国有参股形式或者全部退出。在参股情况下，国有资本运营公司行使一般的股东权利，其资本收益根据公司分配方案获得。

二、优化国有资本配置

优化国有资本的配置是国有资本运营公司的重要任务。对于国有资本的优化配置，主要分为对存量国有资本的优化配置与对增量国有资本的优化配置两种。

（一）存量国有资本

对于存量国有资本的优化配置主要通过重组、兼并、出售等方式完成。国有资本运营公司设立后，将持有大量具有类似业务的企业股权，在国有资本投资政策的引导下，整合这些企业并产生新的规模效应是国有资本运营公司的重要任务之一。一方面，可以通过企业整合而提高企业的运营效率，提高规模效应。另一方面，通过企业整体能提高资本的配置效率，通过企业整合、部分企业的股权出售将在提高原有企业效率的前提下获得更多的投资资金，为国有资本运营公司的再投资提供资本。

（二）增量国有资本

对于增量国有资本的优化配置，具体而言包括两种方式。一是通过购买新公司的股权，获取新公司的董事会席位，参与新公司的决策与经营管理，扩大增量资本。购买新公司的股权是国有资本运营公司进行资本配置的重要方式，随着国民经济和社会的发展，国有资本所投资的行业也将不断变化。对于需要国有资本快速进入的行业，可以通过直接购买相关公司股权的方式进入该行业。二是通过与非国有资本合资向目标领域直接投资，成立新的混合所有制公司，购买机器、厂房等设备建设新的工厂从事商品或劳务的生产经营活动。

第七章 混合所有制企业中的国有资本管理

国有资本运营公司的设立，塑造了国有资本的微观市场主体。国有资本运营公司并不直接从事一般企业商品或劳务的生产，而是独资或与其他资本所有者共同出资形成股份制企业来进行商品或劳务的生产。国有资本则依据所投入资金的比例依法按比例享有所出资企业的收益权以及对企业股份处置的权利。从国有企业的概念和内涵来看，国有资本运营公司独资形成的企业则称为国有企业，而国有资本运营公司与非国有资本（私人资本、国外资本）共同出资形成的企业则是混合所有制企业，而不能称其为国有企业。

第一节 对混合所有制企业的认识

正确认识混合所有制企业的概念和内涵及其基本特征，把握混合所有制企业的特征及其与股份制的关系是理解混合所有制企业与国有资本关系的重要前提。

一、概念和内涵

和混合所有制企业有关的概念包括混合经济、混合所有制经济等。对于混合所有制的理解可以从宏观和微观两个方面进行。从宏观上来理解，混合所有制经济可以理解为宏观上一个国家的经济制度安排，经济的所有制结构中，包含不同性质的所有者主体，如公有制主体和非公有制主体，公有制所有主体如国家所有或者集体所有，非公有制所有主体如外资、私营以及个体等。从微观上理解，混合所有制经济主要是指混合所有制企业，由不同性质的产权主体共同出资形成的企业。不同性质的产权主体需要相互融合，形成的企业才是混合所有制企业。这也说明，股份制企业的界定前提是企业必须由不同性质的所有主体共同出资。同一性质的所有主体出资的企业不是混合所有制企业。因此，混合所有制经济主要是一种所有制度的安排，这种制度安排只能是以股份制作为企业的主要实现形式。从本质上理解，混合所有制经济是以股份制为主要实现的一种经济制度安排。

混合经济（mixed economy）是不同于混合所有制经济的另外一种概念。混合经济的概念由西方经济学者主要从资本主义为出发点提出，是一种私人资本主义与社会经济的混合。从发展过程来看，我国的混合所有制经济主要是从单一的公有制经济向公有制经济与私有制经济共同存在的过程中发展起来的，其出发点是巩固和完善占主体地位的公有制。改革开放以后，我国的非公有制经济发展迅速，公有制经济和非公有制经济共同发展已经成为大势所趋，不可能将二者的发展完全隔离或者割裂开来。通过公有制经济与非公有制经济的融合发展来完善和巩固公有制经济的主体地位，发展混合所有制经济成为一种必然的选择。

作为混合所有制经济的微观表现形式，混合所有制企业必须具有不同性质的产权主体。这里的不同性质主要是指公有制性质以及非公有制性质两种不同性质。改革开放以前，我国经济中的产权主体基本上都是公有制主体，改革开放之后，才逐步出现非公有制产权主体。公有制产权主体包括全民所有（国家）和集体所有，非公有制产权则包括私人、外资等。在实践中，如果以产权主体公有与非公有为依据进行划分，可以进行这样的划分：一种是公有资本与非公有资本的混合，公有资本又分为国有与集体资本，也就是国有资本或者集体资本与个人或外资等非公有制资本混合形成的企业，也包括国有企业或集体企业股份制改造中吸收的员工持股等；另外一种是指在公有制内部，由国有资本与集体资本不同的所有主体共同出资形成的企业，严格来讲，这类企业应作为公有制企业。本文所论述的国有资本管理主要是针对国有资本与非国有资本（集体资本、私有资本）共同出资形成的混合所有制企业。

二、基本特征

对于混合所有制企业，应具有如下特征。一是产权主体多元化和多层次性。多元化是指所有者主体性质的多元化，既包括公有制所有主体，也包括非公有制所有主体。多层次性是指各产权主体之间根据现代企业制度形成的多层次利益关系。主要包括三个层次：第一层是所有权关系，即出资者对企业的所有权，表现为股权和股东权利；第二层是企业法人财产权，是指企业法人拥有的用于经营的全部法人财产，由企业所有；第三层是企业经理层，拥有企业的经营权。二是出资者权责的有限化。出资者以出资额为限对企业承担有限责任，享有企业的收益权和剩余索取权等股东权利，企业以法人财产为限承担责任。三是产权的可交易性。法人产权、投资者股权可以通过资本市场进行交易。四是公司治理结构科学性。企业所有权与经营权分离。董事会代表企业的所有权，总经理行使企业的经营权。企业由股东大会选举产生董事会，再由董事会选聘职业经理人来进行公司具体的经营管理，建立监事会监督董事会和职业经理人的工作。五是混合所有制企业不是国有企业。从混合所有制企业的形成来看，虽然绝大部分混合所有制企业均由单一主体的国有企业进行产权多元化而形成，但一旦完成了产权多元化，变成混合所有制企业，也就意味着该企业不是国有企业了，而转换成独立的企业法人。国有资本所有者对企业的权责行使依据也由过去政府对国有企业的行政命令式转为依据现代企业制度下股东的权责行使方式。

三、与股份制的关系

混合所有制与股份制是两个不同的概念，股份制是混合所有制企业的具体实现形式。

混合所有制企业基本上都是股份制企业，但股份制企业不一定是混合所有制企业。

一是混合所有制与股份制在概念和内涵上是不一样的。混合所有制是根据资本所有者主体进行的一种划分，主要是为了区分企业投资主体的性质，是为了区分公有制资本所有主体与非公有制资本所有者主体，是为了使公有产权资本与非公有产权资本以一定的形式结合起来，相互融合，达到促进经济发展的目的。

股份制是企业的一种企业财产组织形式。是多个利益主体，以集股经营的方式结合起来的一种企业组织形式。股份制企业不同于单纯的私有制企业，具有一定的私有特性，同时也具有一定的公有特性（蔡继明，2014）。从概念和内涵上看，混合所有制概念比股份制的内涵更为宽泛，混合所有制以股份制为基础，以股份制中利益主体的资本性质，即公有与非公有为辨识标志。因此，混合所有制不能与股份制画等号，如果把混合所有制经济仅仅理解为股份制，那么国有企业的改革就只能进行到股份制这一步为止，这样的理解不利于坚持公有制为主体的经济制度（季晓南，2014）。

二是从产权结构和性质上看，混合所有制企业具有特殊性。混合所有制企业主要是指企业的投资主体中，包括两种不同性质的投资主体。判断企业是不是混合所有制，应从两个方面进行：一是投资主体必须是两个或两个以上，二是投资主体的所有者性质不同，必须包含公有制性质和非公有制性质两个投资主体。股份制同样也属于多元投资主体，但并不涉及投资主体的性质辨别问题，同一性质的资本所有者共同出资形成的企业并不是混合所有制企业，如私有资本与私有资本出资形成的企业，并不能看作混合所有制企业，国有资本与国有资本出资形成的企业也不能看作混合所有制企业。因此，产权结构上，股份制与混合所有制具有相似性，既相互重叠，又有区别。因此，不能仅仅将混合所有制与股权的简单多元化等同起来。

三是二者发展的背景与目的不同。股份制发展的背景是市场经济的不断发展和社会化的大生产的产物，其目的是更为有效地组织社会生产，提高生产力。股份制也是企业的一种组织形式，这种形式能够扩大社会生产的规模。混合所有制是我国经济从计划经济时期逐步向市场经济过渡，市场经济发展到一定层次和水平的背景下产生的，其目的是在经济发展过程中，将两种不同性质的资本进行融合发展，完善和巩固占主体地位的公有制，是公有制与私有制经济融合发展的结合点。因此，混合所有制也是有效发挥公有制主体地位的一种方式。

因此，必须厘清所有制与股份制之间的关系与异同，不能将二者混为一谈。只有明确了所有制性质与所有制实现形式之间的根本区别，才能更好地发展公有制经济，巩固并完善公有制在我国经济发展中的主体地位。

第二节　国有资本管理的主体与范围

从前述中，混合所有制企业中的国有资本主要以混合所有制企业的股权形态存在。混合所有制企业中的国有资本管理也相应地转化为企业中国有股权的管理。我国混合所有已经有了很大的发展，大多数企业已经具有了混合所有制企业的性质。随着国有企业改革的深化，会有越来越多的国有企业转变成混合所有制企业，纯粹的国有企业将会少之又少。

我国学者认为发展混合所有制企业存在的主要障碍和问题是国有资本的产权代表以及代理等问题。胡颖、刘少波（2005）认为国有产权所具有的模糊性、残缺性、超经济性以及多层次的委托－代理关系等属性是发展混合所有制企业的主要问题；万华炜（2007）认为国有资产的产权代表不明确，国有股“一股独大”的现象非常普遍，国有股股东与非国有股股东之间的目的与利益关系难以协调等问题以及集体决策的有效性等诸多因素制约了混合所有制企业的发展；黄群慧（2013）认为大型企业集团层面的股权多元化改革受政策使命制约，而国企进行混合所有制改革的最大障碍在于其负责人的行政级别。此外，民营企业自身发展问题以及市场环境和法律体系的不完善等都阻碍了混合所有制的进一步发展。必须首先明确混合所有制企业中的国有资本管理主体。只有在管理主体清晰的前提下，明确管理目标、管理方式等问题，才能大力发展混合所有制企业。

一、管理主体

混合所有制企业以股份制形式存在，混合所有制企业中国有资本以国有股权的形态存在。国有股权具有股权的一般属性，即国有股股东与其他私人资本股东一样，按各自股份的比例行使股权，与私人资本形成的股权处于同股、同权、同利、同责的地位。只有被授权具有国有资本所有者代表资格的国有资本运营公司或机构才能成为混合所有制企业中国有资本的管理主体。主要有国有资本运营公司、国有企业以及国家授权的资产管理公司三种类型。

（一）国有资本运营公司

国有资本运营公司是国有资本的终极所有者或所有者代表授权对国有资本进行经营的公司。在现有体制下，国有资本运营公司通常由国有资本的所有者代表——授权设立并依法经营。国有资本运营公司出资形成的混合所有制企业中的股权理所应当是国有股权，其管理主体也必须是国有资本运营公司。

国有资本运营公司与非公有制资本共同出资形成混合所有制企业包括两种形式。一是由国有企业转变而来的混合所有制企业中的国有股权由国有资本运营公司管理。在国有企业深化改革中，相当一部分国有企业通过引入非公有制资本，进而转变为混合所有制企业，所形成的混合所有制企业中的国有股权由国有资本运营公司进行管理。二是由国有资本运营公司与非公有制企业共同出资新组建的混合所有制企业中的国有股权由国有资本运营公司管理。国有资本运营公司并不从事商品或劳务的生产经营活动，经营对象是与非公有制资本共同出资成立的混合所有制企业的股权。

（二）国有企业

国有企业即完全由国家出资并管理的企业。国有企业是市场法人主体，完全由国家出资形成，其资本属于国有性质。国有企业与非公有制企业共同出资形成的企业满足出资一方是公有制资本的必要条件，因此，双方共同出资设立的企业也是混合所有制企业。从所有权性质来看，混合所有制企业中国有企业出资形成的股权应是国有企业所有的股权。由于国有企业属于国有资本性质，其对混合所有制企业出资形成的股权也是国有股权的派生形式，属于国有股权范畴。因此，国有企业法人所有股权也应作为国有股权的一种形式，其股权应当由所出资国有企业进行管理。

（三）国家授权的资产管理机构

国家作为国有资本和国有股权的最终所有人，有权依据现有政策与法律将国有股权委托给国家授权的资产管理机构进行管理。例如，国务院将部分国有股权以行政划转的方式交由全国社保基金理事会持有和运营，转持以后，国有股权的管理主体变为全国社保基金理事会。

二、管理内容

在明确混合所有制企业中国有资本的管理主体的前提下，国有资本管理的内容也非常重要。在管理内容不明确的情况下，极易造成管理范围的扩大或缩小，这些都不利于混合所有制企业中的国有资本管理。混合所有制中国有资本的管理范围是国有资本出资主体行使国有股权的权利边界，或者说在什么权利范围内行使混合所有制的股东权利。

（一）管理对象

混合所有制企业中国有资本管理的对象主要为国有股权，即在混合所有制企业中由国有资本投资形成的股权。从前述章节可知，对于国有股权，有着非常严格的界定。首先，国有股权必须是国家或其委托的机构投资形成的股权才能称为国有股权。其次，国有股权必须是完全由国家所有，否则，就不能是国家股权，即投资主体必须能代表国有资本。例如，我国现阶段的很多仍称之为国有企业的企业，实际上企业的股权已经并非国家 100% 所有，而已经有非国有资本的持股，虽然仍被政府牢牢控制，但其实质是混合所有制企业，这类企业投资形成的股权就不能称为国有股权。

这样，混合所有制企业中的国有资本就转化为国有股权的管理。国有股权是国有资本投资管理权的一部分或一种形式，属于所有权管理，即国有资本的所有权管理，而非经营权的管理。因此，国有股权的管理就是国有资本的管理主体对投资做出决策。有关投资决策的内容较多，如对混合所有制企业股权的减持、增持，何时减持，或者购买什么公司的股票，在股东大会上如何投票，通过董事会参与混合所有制企业重大事项的决定等权利，其实质是股东权利的行使。这种管理权利应与混合所有制企业的公司经营管理分开。国有股权的管理并不涉及混合所有制企业的经营管理。国有资本管理主体派代表进入混合所有制企业的董事会，参与公司经营决策，一旦进入公司经营管理，便不是国有股权的管理，而是凭借国有股东的权利对公司经营管理施加影响。

（二）管理范围与控制范围

混合所有制企业中，国有资本管理范围的大小主要由国有资本出资比例的大小决定。国有资本的管理范围与国有企业的控制范围是相联系和区别的概念。混合所有制国有资本的管理主体以一定数量的国有股份控制了公司的经营活动，但并不意味着国有资本管理主体管理范围的扩大。混合所有制企业实行的是所有权与经营权分离的现代企业制度，大股东对企业经营权的控制是通过董事会及股东大会而实现的，从而控制小股东的资本。这种控制的前提是承认小股东股权，即小股东拥有公司的部分所有权，由于股份数量过小而无法进入公司决策机构或影响公司决策过程，但其股东权利并没有被剥夺。因此，不能认为国有股权能控制的范围就是国有股权的管理范围。

（三）国有股东权利与混合所有制经营权

在混合所有制企业中，会出现国有资本管理主体派驻在混合所有制企业董事会席位的代表同时被董事会任命进入企业经营管理机构的情形。在这种情形下，作为公司的经营管理者，其行使的权利是企业的经营管理权，而不是国有股权。而且其经营管理范围不仅仅是国有资本，而是包括非国有资本在内的企业整体。其权力来源是混合所有制企业股东大会及董事会的授权，而非国有资本的股东权利。如果他行使的是国有股东权利，而不是企业的经营权，这就违背了现代企业制度对企业做出的制度安排，也难以保证其他股东的基本权利，尤其是无法进入公司董事会或对公司决策构成影响的所占份额小的股东。在有的混合所有制企业，国有资本并不一定控股，有些仅仅是参股，并不参加公司的经营管理，也不在董事会派驻代表，但并不意味着国有资本的减少或国有股权管理范围的缩小。因此，国有资本股权管理范围大小不能等同于混合所有制企业的经营权范围，二者的权力来源有着根本的不同。

（四）混合所有制企业投资形成的资本

混合所有制企业与其他资本共同出资形成的企业股权不是国有股权，不属于国有资本管理范围。假设甲为国有资本管理主体，甲与非公有制企业共同出资形成混合所有制企业乙，公司乙与其他企业共同出资形成公司丙，那么公司丙的股权并不是国有股权。国有资本管理主体与非国有资本共同出资形成混合所有制企业，也就意味着混合所有制企业的经营权独立，这种经营权既不属于国有资本，也不属于非国有资本。企业是独立经营的主体，其一切行为，包括公司用公司财产的一部分去购买其他公司股票、对其他公司控股或与其他资本共同出资形成新的企业，本质上是公司的经营行为的一种表现形式。乙对丙的股权是公司乙法人所有，并不能得出其股权多少比例属于甲所有的结论。

同样也不能通过甲入股乙的比例来确定甲拥有丙的股份。一方面，甲不是作为股东，而是参与乙的董事会并决策对丙进行入股，行使的是乙的经营权，而不是乙的股东权利。另一方面，乙对丙的入股体现了作为国有资本管理主体甲的意图，但这并不意味着乙拥有丙的股权就成为国有股权。

三、管理方式

在国有资本保值增值的目标和原则下，对混合所有制企业中国有资本的管理必须依据国有股权的权利以及权利范围的大小进行管理，权利范围的大小则依据国有资本在混合所有制企业中的出资比例确定。在现代企业制度下，国有股权具有股权的一般属性，即混合所有制企业中国有股权的管理主体与其他非公有制股权的管理主体同股同权，按各自股份或出资比例多少行使股东权利，国有股权与非国有股权处于同股、同权、同责以及同利的地位。在现代企业制度下，混合所有制企业中国有股权的管理主体的权利主要包括股东身份权、参与公司经营重大决策权、选择公司经营者权利、公司经营监督权、资本收益权以及股权退出权等权利。这些权利的大小依据国有资本在混合所有制企业中的股权大小而有差异。

不同情形下国有资本对混合所有制企业具有不同的管理方式。一般情况下，依据股份比例，国有资本对混合所有制企业的关系可分为绝对控股、相对控股以及参股三种情形。在绝对控股的情形下，国有资本主要谋求对混合所有制公司的控制权的目标，如涉及国民经济命脉的重要行业和关键领域的企业。在不需要进行绝对控股的行业或领域，但同时又需要发挥国有资本的影响力，提高国有资本的运营效率，实现国有资本保值增值的目标，则国有资本可以保持相对控股地位，如部分支柱产业或高新技术等产业。对于不需要国有资本控制并可以由社会资本控股的混合所有制企业，则可以采取参股的形式。

第三节　国有资本的收益

从性质上来看，混合所有制企业中国有资本收益是由国有资本所有权派生出来的权利，是混合所有制企业中国有资本的回报。这种收益从根本上来看，来源于混合所有制企业的良好经营状况以及创造的利润，即对占有和使用国有资本的一种回报。以混合所有制企业的经营状况为基础，通过收益实现的方式不同，这种收益又可以分为不同的表现形式，主要包括股息和红利、股权转让收益以及清算收益等三种。

一、股息和红利

股息是股东定期按一定的比率从股份公司分取的营利。股息是对持有优先股股东派发的一部分收益。红利则是股份公司按持股比例向股东分配的利润。获取股息和红利，是股东进行投资的基本目的，也是企业股东的基本经济权利。

混合所有制企业在经营过程中除去生产成本、经营成本以及管理成本等各种成本及税收后得到的利润通常由公司股东大会决定以一定的方式进行分配。按照国有资本的持股比例，国有资本管理主体将获得相应的股息或红利。

二、股权转让收益

股权转让收益是指股权转让价减除股权成本价后的差额。企业的整体价值通常由比较估值、内在价值与市场价格、股利贴现模型、市盈率模型、市净率、股价现金流比率以及自由现金流等估值方法（滋维·博迪、亚历克斯·凯恩等，2013）评估而得。公司价值及股权价格的高低与公司经营状况及未来预期高度相关，公司经营业绩越好，预期收益越好，公司股权价格也越高，由此也带来了混合所有制企业国有股权的溢价收益。通过资本市场将混合所有制企业的股权转让，国有资本的管理主体将获得这部分溢价收益。

三、清算收益

清算收益是指由于各种原因，混合所有制企业清算过程中发生的财产盘盈，财产重估收益、清算中发生的财产变价净收入、因债权人原因确实无法归还的债务以及清算期间的经营收益等。清算收益主要包括：（1）财产盘盈，指在清算过程中发现了账外财产，以实际变现价值计入清算收益；（2）财产重估收益，某些财产在重新估价的过程中实现的收益；（3）财产变现收益，清算财产的实际变现价值大于账面价值的部分；（4）经营收入，指清算过程中处理未了事宜或提供劳务获得的收入；（5）债务折让，企业清算时债务人自愿免去的债务额；（6）无法偿还的债务，指因债权人消灭等原因而无法偿还的债务

第四节 国有资本收益分配

混合所有制企业中资本收益分配包括两个层次，一是管理主体需要上缴的收益比例，二是管理主体的经营投资性支出。

一、分配依据

从根本上来看，国有资本的所有收益应当由国有资本的最终所有者，即代表全国人民的国家进行分配。由于国家是虚置的主体，实际中并不可能行使收益分配的权益，因此，国家通常是委托政府进行分配。政府作为国有资本所有者的代表以及公共事务的管理者双重角色，决定了政府在分配过程中一方面需要实现国有资本的收益最大化，保持国有资本保值增值的基本目标，另一方面政府需要兼顾一些非经济目标的实现，如社会福利、基础设施等公共支出以及政府的财政收支状况等。

国有资本收益的经营性支出一般包括费用支出和资本支出。这些支出是国有资本管理主体实现国有资本保值增值，创造新的国有资本收益所必需的支出。费用支出包括国有资本管理主体日常运营、人员薪资所需要的各种费用，以及弥补投资亏损、债务清偿、职工的社会保障等费用。资本支出是指通过国有资本收益的再投资以增加国有资本的规模，保证国有资本持续增值的支出，如独资组建新的企业，与非国有企业共同投资组建新的企业，或购买其他上市公司的股权等。

国有资本收益的公共福利性支出主要是将上缴的收益通过公共财政的预算支出项用于教育、医疗、养老等社会保障和公共服务领域，用以弥补财政赤字或促进社会事业的发展，通过直接或间接的转移支付将国有资本的收益转移给社会各个阶层，增加居民的收入水平和生活水平，提升社会整体福利水平，从而实现社会总需求的增加，保障经济的健康、可持续发展。

二、分配原则

在充分考虑分配依据的情况下，国有资本的收益分配应遵循一定的原则。一是要满足国有资本经营主体维持自身运营，实现国有资本保值增值对资金的需要。如国有资本运营公司未来的发展战略和再投资、国有企业的发展收益留存的需要、国家授权管理的资产运营公司的其他目标，如社保基金的社保支出等。二是通过实施不同的利润上缴比例调节不同行业之间的利润率差距。不同行业的混合所有制企业其平均利润率是有差距的，可以针对不同利润率的行业实施不同的利润上缴比例，在利润相对较高的行业可以实施较高的收缴比例，在利润相对较低的行业实施较低的收缴比例，以此来调节国有资本的最优配置或调节不同行业间的利润差距。三是通过实施不同的利润上缴比例调节国有资本在不同行业间的配置。对于国有资本需要逐步退出的行业，可以实施相对较高的收缴比例，对于需要加强国有资本投入的重点行业、关键产业或高新技术产业，则实施较低的利润上缴比例，增加管理主体的投资资金，促进资本积累和规模扩张能力。四是调节不同经济周期的收益比例。混合所有制企业的收益状况一方面受行业周期的影响，另一方面受宏观经济周期的影响，为保障管理主体的可持续发展，在资本收益状况相对比较好的情况下，可以适当调高收益的上缴比例，反之在资本收益状况相对不好的情况下，可以适当调低收益的上缴比例。

三、分配方式

依据混合所有制企业中国有资本管理主体的不同，国有资本收益的具体分配方式又略有差异。国有资本运营公司作为经营主体的，收益归国有资本运营公司所有，由其依据国家的分配政策进行收益的分配。国有企业作为管理主体的，收益并入国有企业的收益中，国有企业再依据其管理主体或国家政策进行收益分配。国家授权的资产管理机构作为管理主体的，则依据资产管理机构的具体目标以及相应的政策进行收益的分配。

第八章 国有资本运营的绩效评价

国有资本运营的效益与成果主要是通过运营绩效体现的。对国有资本进行正确、合理的绩效评价是掌握国有资本运营情况的重要前提。国有资本的绩效需要从微观和宏观上进行评价。微观上，国有资本表现为国有资本运营公司等个体，其运营的目标与作为宏观的国有资本整体目标存在较大的差异，其评价方式也不同于宏观的国有资本绩效评价方式。宏观上，国有资本表现为一个整体，具有其独特的政策、经济等目标，对其绩效的评价也应从国有资本整体上进行。

第一节 理论基础

国有资本绩效评价相对复杂，财务分层理论和国家财务、产权理论以及委托－代理理论构成了国有资本绩效评价的理论基础。

一、产权理论和委托－代理理论

产权是财产权利的简称。产权理论纳入经济学范畴源于科斯对“交易费用”的研究。产权包含了各式各样的权利，狭义上的产权主要包括所有权以及占有权、支配权、使用权。产权主要包括三个方面的特点。首先，产权主要是指物的存在以及其使用所引起的人们之间相互认可的行为关系，而不能简单理解为人与物之间的关系。其次，产权是一种权利约束，不是由单个权利简单构成。最后，产权是一种强制权力，是由政府和市场共同强制相统一的权利。产权理论内容丰富，与国有资本绩效评价相关的主要包括企业的产权理论和国有资本的产权理论。

（一）国有资本的产权理论

国有资本产权以集合性为根本特征，即国有资本由全体人民共同所有，其所有权是作为一个集合整体以国家所有的形式存在。国有产权代表了国家和全体人民的共同利益，并不能分配给人民中的个体。任何一个个人不能作为国有资本的所有者，只有全体人民作为一个集合和整体才能是国有资本的所有者。不能离开国有资本产权整体而谈产权个体，离开了整体而谈国有资本属于某个人或者某些人，或者每个人占有多少比例的产权则毫无意义。国有资本的经营管理权是国有资本的产权的派生权利。明晰的所有权与管理权是进行国有资本经营管理的前提。

（二）企业产权理论

企业产权与企业的组织形式相联系。企业的组织形式主要包括三种：业主制、合伙制和公司制。其中，前两种是古典企业组织制度，后者是现代企业制度。古典企业组织制度下，企业的所有权与经营权同时属于一个主体或者几个合伙主体。现代企业制度又称为企业法人制度，以两权分离为特征，确定了企业的法人地位以及法人财产权的归属。也就是企业属于所有者，企业财产属于企业法人。这种制度安排奠定了企业独立经营、自负盈亏的基础。出资人只能通过依法行使股东权利对企业决策施加影响，如企业资产收益权、选取企业管理者的权利、参与企业重大决策和转让企业股权的权利，但没有对企业法人财产进行支配的权利，也不能通过所有者的角色干预企业的正常经营活动。企业法人财产权主要包括：所有权、占有权、支配权以及使用权。企业法人财产对自身的经营行为获取收益并承担经营风险。出资者和企业法人的这些权利通过法律形式确定下来，受到法律的保护。

在现代企业制度下，所有权与经营权的分离是必须对企业进行绩效评价的根本原因。现代企业制度下，资本的所有者由于自身经营能力不足的限制，必须聘请专业的经营管理人才从事企业经营。同一公司股权一般情况下较为分散，并且股东数量众多，这决定了不可能所以股东同时进行企业经营，只能依据股份的大小共同选举董事会，通过董事会来选择职业经理人，作为公司的经营管理人员。现实中，由于信息不对称等因素，股东需要防止经理人侵犯自身的所有者权利。因此，所有者必须关注企业的经营效果，评价经理人的经营水平，考核其是否称职，是否能为所有者带来收益。由此，企业的绩效评价产生。古典企业制度下，企业的所有者与经营者是同一主体，所有者对自身经营状况负责，对企业进行绩效评价则显得多余。

（三）委托代－理理论

依据国有资本产权和企业产权的特点，以及委托—代理理论，国有资本不可能由全国人民共同来经营，必须采取多层次的委托—代理制度。国有资本的委托—代理一方面是所有者权利的委托—代理，另一方面是经营权的委托—代理。我国是社会主义国家，国有资本的所有者是全国人民，全国人民的所有权必须进行委托。通常，国家的最高权力机构，即全国人民代表大会，受全国人民委托，行使国有资本的所有权与经营权。全国人民代表大会则委托国务院，国务院委托国有资本运营公司作为国有资本的终极所有者代表及微观运营主体，行使资本所有权与经营权，进行国有资本运营。

二、财务分层理论

财务分层理论主要是指将企业的所有者财务与经营者财务分离。所有者财务管理主要是监管投入企业的资本数量，根据企业运行情况对资本投入量所形成的存量或增量进行动态调整的管理行为。所有者财务管理的目的是为了保证资本的安全性与增值性。所有者不仅限于一般的所有者，既包括个人，也包括国家。因此，有学者认为，应当将所有者财务与经营者财务（或者说是公司财务）进行分离（干胜道，1995）。首先，从本质上看，财务包含投放资本到获取收益的全过程，财务活动的主体是整个过程的组织者。因此，财务研究的起点应是资本，即资本通过何种方式能获得经济利益的最大化，通过投资决策、存量调整等方法将资本的生产力、资本的投放转化为收益。其次，所有权与经营权的分离产生了两个利益主体——所有者与经营者。所有者必须维护其合法权益，理应建立所有者财务。受所有者委托，经营者进行资本经营，并根据所有者的财务目标，建立相应的经营者财务。最后，所有者财务的根本目标是资本得到最大化增值。因此，所有者财务的内容主要包括：选择何种经营者进行资本经营，资本投资于什么行业和地域，如何考核经营者业绩，如何对利润进行分配等。

谢志华（1997）以母公司为研究对象，提出了出资者财务概念。出资者财务主要是从两权分离对所有者和经营者影响的角度，从理论上对出资者财务进行了详细的剖析，由此对国有企业两权分离进行了研究。他认为，国有企业的两权分离表现在多个方面：一是国有企业的国家所有权与企业经营权的分离；二是出资者所有权与企业法人所有权的分离；三是国有资本终极所有权与国有资本经营权的分离。进行两权分离的结果，就是在法律形式上，国家享有国有资本的终极所有权和出资权，投资中介受权拥有资本的经营权，国有企业则拥有企业法人所有权和经营权。出资者的职能是出资，权利是取得收益。出资者通过对出资资金的管理，形成出资者财务。本质上来说，是对经营者财务行为的监督和约束，以此保证出资人出资的根本目标——保值增殖。因此，出资者财务分又可以分为两个层次：第一层次是终极出资者对受权的投资中介的财务，第二层次是受权的投资中介对资产经营者的财务。

三、国家财务理论

国家财务的概念即国家作为所有者的财务管理。“国家财务”的概念第一次由我国学者郭复初提出。国家财务是指国有本金的投入与收益及其所形成的经济关系（郭复初，1999）。国家财务理论对政府的身份进行了剖析，认为政府具有双重身份，一是国有资本所有者代表，二是公共行政机构。政府对国有资本进行管理的依据不是源于政府公共行政机构的职能，而是源于国有资本所有者代表职能范畴。必须将国家财务与国家财政进行分离。二者在研究对象上存在着根本区别。国家财务以政府代表国家进行资本运营产生的各种经济活动和经济关系为研究对象，其管理依据是国有资本的所有者权利，主要通过国家或其委托机构，开展资金筹集、配置、收益分配以及监督等多个方面的国有资本经营活动。监督职能主要是指国家出资人职责，对国有资本运营机构进行考核、审计等监督行为的实施，对运营结果进行评定，实现国家财务的职能。随着研究的深入，郭复初（2000）进一步提出了将国有本金与基金进行分流的观点，即依据资金在国民经济中不同的性质和用途，将国有资本分为本金和基金两个部分。基于这一观点，国有资产按其用途以及经济性质可以划分为非经营性资产和经营性资产。非经营性资产应依据基金的运动规律进行管理，其主要目的是发挥社会效益，并不以营利作为主要目的。经营性资产的管理则应依据本金的运行规律，其主要目的就是获得经济利益，获得资并增殖。

产权理论和委托－代理理论、财务分层理论以及国家财务理论为国有资本绩效评价提供了理论基础。首先，产权理论以及委托－代理理论对国有资本的产权以及其委托—代理关系进行了明晰，使得国有资本的所有者主体更为清晰。国有资本的所有者和委托主体以及运营管理的代理主体的清晰是国有资本绩效评价的前提。其次，国家财务理论明确了国家财务与国家财政之间的本质区别。国家财务的实质是政府作为国有资本的所有者代表的职能体现。国家作为国有资本的所有者，应当对国有资本的运营绩效进行考核和监督。依据本金和基金分流理论，国有资产依据运营的目标可以分为经营性国有资产和非经营性国有资产。经营性国有资产以资本增值为运营目标，而非经营性国有资产的主要目的是提供公共服务，营利与否并不是主要的。因此，国有资本的绩效评价范围被限定为经营性的、以营利为目的的国有资本，而不包括以提供公共服务为目的的非经营性国有资产。最后，根据财务分层理论，国家财务可以分为三个方面，国有资本所有者代表的财务、专门从事国有资本运营的国有资本运营公司的财务以及国有企业财务。国有资本在财务管理上多层次的特点决定了国有资本绩效评价具有结构上的层次性，一方面是国有资本的所有者代表对国有资本整体的绩效评价，另一方面是对国有资本运营公司的绩效评价。每一层次绩效评价的主体、目标也不尽相同，因而其指标体系也应有所差异。

第二节　绩效评价的主要内容

国有资本绩效评价的主要内容包括绩效评价的主体与客体、评价原则以及评价要素之间的关系等内容。

一、评价内涵

绩效也称为效绩、业绩，通常被认为意思相同或相近，在学术文献和社会经济生活中都得以广泛应用。从绩效、效绩和业绩的含义来看，通常包括经营目标的实现和实现目标的效率两个方面。因此，文中所用的绩效一词也可以表达为效绩或业绩。

我国学者对绩效评价从不同的角度进行了多种解释。杜胜利（1999）认为绩效评价首先需要确定评价的目标和评价的标准，以此为基础获取评价所需要的信息，形成对绩效的价值判断。张蕊（2002）则认为绩效评价主要是用对比分析的方法，对评价客体的成绩或成效进行优劣、好坏判断的过程。王化成（2004）认为，绩效评价需要设计对应的评价指标体系，选定评价标准，通过一定的评价方法，对一段时期内企业的经营结果做出评判。池国华（2005）则认为企业的绩效评价首先要确定评价的主体，依据评价主体的偏好选择相应的评价目标以及评价指标并设定评价标准，在此基础上，运用特定的评价方法对评价客体一定时间内经营活动及经营结果做出客观、公正和准确的综合判断。综上，绩效评价主要是在确定评价主体、评价对象以及评价目标的基础上，选取合适的评价指标和评价方法，依据一定的评价标准对企业的经营结果做出评价结论的过程。

基于绩效评价的内涵，本文认为，国有资本的绩效评价主要是指国有资本的评价主体根据国有资本经营的目标，运用一定的评价方法，在确定与绩效评价相匹配的评价指标和适当的评价标准的前提下，对国有资本经营业绩做出的客观、公正和准确的综合判断，以此来指导国有资本运营的进一步优化，达到国有资本运营保值增值的最终目标。国有资本又可以分为国有资本整体与其构成部分的国有资本运营公司两个层次，相应地，国有资本绩效评价也应分为对整体以及构成部分的国有资本运营公司两个层次的绩效评价，二者在评价主体、评价指标等方面均有所不同。

二、主体与客体

国有资本绩效评价的主体是国有资本的所有者，即国家。由于国家是个抽象概念，并不具有直接进行国有资本绩效评价的能力，必须委托相关的机构进行。根据评价的客体，相应地，评价主体可以分为对国有资本整体的绩效评价主体和对国有资本运营公司的绩效评价两个层次。国有资本整体的绩效评价主体，应为国家的最高权力机关——全国人民代表大会或者其委托机构。对于国有资本运营公司绩效评价的主体，则应为国有资本运营公司的管理机构，主要包括政府及其国有资本管理部门或者其委托的机构。

绩效评价的客体主要包括两个方面，即国有资本整体以及国有资本运营公司，二者相互联系，互为基础。从前述章节来看，国有资本的具体运营将由国家批准的若干国有资本运营公司来进行，故国有资本运营公司也是国有资本绩效评价的主要对象。对国有资本运营公司的绩效评价并不能代替对国有资本整体的绩效评价，也不能将国有资本运营公司的绩效简单相加作为整体的绩效。国有资本整体必须也有其绩效评价体系，以此来反映国家对于国有资本运营的整体目标。虽然二者具有不同的评价体系，但二者之间相互联系、互为基础，其评价体系必须保持协调一致。一方面，国有资本运营公司微观主体运营的绩效是实现国有资本宏观目标的重要保证。国有资本运营整体的绩效由国有资本运营公司具体实现，由国有资本运营公司微观主体绩效有机组成，实现微观经营主体的目标是实现宏观经营目标的前提。另一方面，国有资本运营公司微观个体运营受国有资本宏观目标的引导，必须在国有资本宏观目标的引导下运营。

三、评价原则

国有资本绩效评价宏观与微观相结合的特点决定了国有资本绩效评价的一致性与复杂性，必须统筹考虑国有资本微观与宏观两方面的绩效评价，使两方面能有机协调。因此，国有资本绩效评价必须遵循一定的原则。

第一，必须遵循相关性原则。相关性是指绩效评价内容要与国有资本宏观与微观的目标相关，绩效评价既要体现国有资本保值增值的整体目标，又要反映国有资本进入行业的特点。我国国有资本数量极为庞大，分布范围也极为广泛。在实际运营过程中，不同的国有资本运营公司将各有侧重，分别进入不同的产业和领域。由于不同产业、不同领域的公司或企业各具特点，这些特点将直接影响与之相关的国有资本运营公司的运营目标、预期收益以及收益的实现方式等。例如，在某些高科技行业，需要国有资本进行长期的投资，并存在一定的风险，在一些资源领域，则需要国有资本的大量投资，以此实现规模效益等。因此，在国有资本绩效评价时，应根据国有资本运营公司的目标和所投资产业、领域的特点确定相应的评价内容和评价要素等，并深入研究不同评价内容和要素之间的相互关系，形成能够准确反映国有资本经营目标并具有内在逻辑性的评价指标体系。

第二，必须遵循全面性原则。全面性是指国有资本绩效评价必须全面、系统并具有逻辑性地反映国有资本的宏观以及微观个体的经营绩效。一方面，国有资本绩效评价体系要考虑到影响国有资本目标实现的各方面因素，如外在政策与关联因素，以便从不同的角度对经营绩效作出全面的评价。另一方面，还应注重评价体系各要素之间的相关性和系统性。

第三，必须遵循重要性原则。重要性原则与全面性原则相对应，是指在全面性的基础上，国有资本绩效评价必须围绕最为核心的目标进行，如宏观上国有资本的控制力等，微观上国有资本的增值等某些最为重要的目标，其他的评价要素应围绕这些重要的、核心的和关键的目标来进行，从不同的侧面反映国有资本微观与宏观重要目标的完成情况等。

第四，必须遵循经济性原则。经济性原则主要是指在绩效评价的过程中，必须考虑评价过程或体系本身需要耗费的人力、财力和物力大小，采取经济有效的方式进行。如对于一些评价国有资本绩效有效的指标或要素，如果收集的时间或经济成本过高，则应寻找替代方式，或进行相关取舍。

第五，必须遵循相对稳定性原则。相对稳定性原则是指国有资本绩效评价体系应在一定的时期内具有稳定性，以便于绩效的跨期分析和比较。稳定性并不是绝对的，应是相对的，当国有资本的经营环境和目标导向发生变化时，必须及时对绩效评价体系进行调整，增加反映环境变化的各种要素，并减少不能反映环境变化的要素等。

第六，必须遵循可操作性原则。可操作性原则是指评价体系和评价过程以及各要素的可得性，必须使评价要素和评价指标等数据易于获得。

四、评价要素的相互关系

国有资本运营绩效评价是一个完整的系统，包含评价主体、评价客体、评价目标和评价指标等要素。系统论认为，系统中各要素是相互作用、相互影响的，必须对系统、系统的各要素以及系统的外部环境之间的关系和规律进行分析。依据系统论的基本思想，国有资本绩效评价不仅需要考虑指标选择问题，也应考虑评价系统的其他要素。应以评价指标为中心，关注系统中其他要素对评价指标选取结果的影响。绩效评价各要素的选择具有多重性，也导致绩效评价系统具有多样性，不同的要素通过不同的组合方式就会形成不同的评价系统。绩效评价要素之间的基本关系如图 7-1 所示（钟文，2011）。

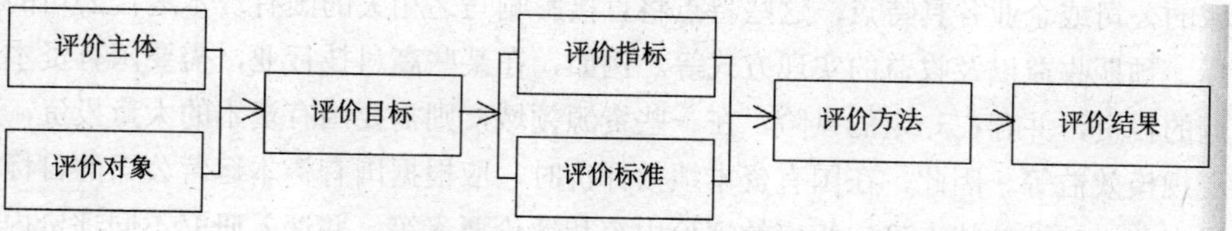

图 7-1　绩效评价系统结构图（钟文，2011）

首先，作为宏观的国有资本整体与作为微观的国有资本运营公司具有不同的绩效评价主体。对于国有资本整体，其评价主体应是国有资本的终极所有者或其代表，即全国人民代表大会或其委托的部门或政府。国有资本运营公司的绩效评价主体则为各级政府或其委托的部门。

其次，国有资本绩效评价目标与绩效评价主体及评价对象进行经营的外部经济和社会环境密切相关。不同的评价主体根据自身的关注点通常对评价对象会设置不同的评价目标。例如，国有资本运营公司财务方面的评价主体与人事安排的主体可能根据自身工作要求提出截然不同的评价目标。评价目标也随着国有资本运营的政策、经济等环境的变化而变化。在不同的经济背景以及政策环境下，国有资本运营的评价目标也将不同。例如，在改革开放前，国有企业并不单纯地以利润为目标，而是以利润、社会保障情况以及就业状况等方面为企业目标。在现代企业制度下，对一般企业的绩效评价也在不断变化，指导思想逐步由企业利润最大化发展到股东权益最大化以及相关者利益最大化等多重目标。

再次，绩效评价的指标主要是根据评价目标进行确定的。必须首先对国有资本的评价目标进行确定，在此基础上，评价主体才能设计出与评价目标相对应的评价指标，以此来实现评价的目标。从现有研究与实践来看，对于一般公司的绩效评价取得了很大的发展，逐渐由过去单一的指标逐步过渡到现在的多元指标体系。以财务方面为例，过去的财务评价仅仅依靠单纯的财务指标体系，而现在的财务评价不仅关注财务指标，还需要关注影响财务指标体系的非财务指标，从而形成综合指标体系，即从简单的关注财务结果，发展到既关注财务结果，又关注财务结果驱动因素指标（钟文，2011）。

复次，评价国有资本绩效优劣的基准是评价标准。在选取评价指标之后，确定指标的标准是进行国有资本运营绩效优劣评价的前提。一般来说，对于评价标准的确定，需要从历史标准、行业标准以及预算标准等多个方面进行。历史标准即国有资本运营所涉领域或产业历史上的评价标准，行业标准即同行业的标杆企业或行业平均水平，预算标准即以事先的预算即预期收益作为评价标准。

最后，在设计绩效评价系统时，既要关注整个系统的完整性，又要注重各要素之间的关联性。对于作为个体的国有资本运营公司的绩效评价必须与作为整体的国有资本绩效评价联系起来，不能割裂二者之间的联系，仅仅就国有资本运营公司或仅仅对国有资本整体进行绩效评价。

第三节 绩效评价的研究现状及借鉴

我国国有企业绩效评价研究主要是指在借鉴西方绩效评价研究与实践的基础上，针对国有企业的特点和运行的环境，分别从企业的财务、政策目标、控制能力等多个角度来进行的。这些研究构成了国有资本绩效评价的基础。

一、西方绩效方法概述

西方国家对绩效评价的研究大致经过了三个时期，这三个时期的评论重点分别是成本绩效、财务绩效以及经营绩效（张蕊，2002）。

20世纪以前西方对企业绩效的评价主要是成本绩效评价，根据不同的内容又可以分为简单成本绩效和标准成本差异分析两种。简单成本绩效主要就企业经营成本做出评价，如每千米成本、单位重量成本等。市场经济的不断发展使企业的竞争意识日益增强，成本绩效评价也由过去的事前预算、事中控制等环节，过渡到后来的标准成本以及差异分析指标的构建等环节，为降低企业生产成本、提高企业生产利润发挥了作用。

20世纪初，西方学者针对企业财务绩效的评价问题进行了较为深入的研究，其研究主要是以企业财务报表为依据，选取进行绩效评价的指标。其中有两种评价体系较为典型，一种为杜邦公司的投资报酬率，另一种是亚历山大·沃尔的《信用晴雨表研究》。杜邦公司的绩效评价指标以投资报酬率为重要参考，将投资报酬率进一步分解为资产周转率和销售利润率两个指标，这些指标为企业的财务绩效评价提供了重要的参考和依据。亚历山大·沃尔选取了7个财务比率，并对每个指标赋予不同的权重，形成评价企业信用的一套指标体系。

20世纪90年代以后，全球化及知识经济得到巨大发展，企业经营的宏观和微观外部环境都发生了极大的变化，传统的财务绩效评价模式已经不能全面反映企业的经营水平，这些评价模式的缺陷逐步被发现，如过度关注企业短期绩效而忽略了长期发展，重视企业的经营结果而轻视了企业经营的过程等。为应对这些系统缺陷，新的绩效评价方法和思想不断涌现，其中具有代表性的主要有经济增加值、绩效金字塔以及平衡计分卡等。

（一）经济增加值

经济增加值(Economic Value Added,EVA)[1]的核心是以股东价值最大为主要出发点，激励公司的管理者以此为经营目标。在数值上，EVA等于税后净营业利润减去全部资本成本的净值。其中，资本成本由两部分构成：权益资本成本和债务资本成本。EVA是报

1 由美国纽约斯特恩·斯图尔特咨询公司（Stern Stewart CO.）提出。

告期内，公司为股东财富增加做出的贡献大小的衡量指标。EVA 既可以是正值，也可以是负值。在 EVA 是正值的情况下，公司股东的财富数量是增加的，即公司在为股东创造财富。反之，如果 EVA 为负值，则表示公司减少了股东的财富。但同时，EVA 也存在一定的问题。一是 EVA 的计算效率较低。由于 EVA 的计算涉及不少调整事项，过程较为烦琐，缺乏规范的流程，在实际应用中必须与企业的实际情况相结合，对调整事项的合理性逐一进行分析，导致 EVA 的计算效率相对较低。二是计算 EVA 的前提是外部环境完全市场化，这在现实情况中难以满足。EVA 的计算不仅与企业经营能力有关，而且与企业所处行业和外部宏观经济高度相关。仅凭 EVA 的计算结果难以真正识别出 EVA 的数值多大程度上是来自企业的经营水平，多大程度上是与企业所处的行业相关。

（二）绩效金字塔

绩效金字塔（Performance Pyramid）模型[1]是将企业总体战略与财务和非财务信息结合起来的业绩评价系统。绩效金字塔非常注重企业战略与绩效评价指标的内在联系，金字塔顶端是企业最高层的战略，由上至下，逐级向市场、财务等其他部分，直到企业的基层生产单位，逐级形成与战略目标相一致的绩效指标。在此基础上，通过由下至上的方式，由最基层的生产单位将指标逐级反馈给制定战略的高层，以此作为制定企业战略的基础。该模型理论上较为完善，但由于实施起来较为复杂和难以量化，在具体实践中用得比较少。但是其基本的思想广泛运用于企业的管理与运营当中。

（三）平衡计分卡（Balance Score Card，简称 BSC）

平衡计分卡（Balance Score Card，BSC）[2]从客户、内部业务流程、财务以及学习与创新四个层面探讨影响企业绩效的因素，并分别针对四个层面，根据不同企业的具体情况设计绩效评价指标体系。BSC 具有多方面的特点。一是绩效考核指标具有系统性，可从内外部四个层面对企业进行较为全面的绩效考核。二是 BSC 能够体现企业进行战略管理的要求。BSC 四个绩效评价层面之间的因果关系，能够很好地反映企业的战略。其中，财务指标是企业生产经营活动所追求的目标，客户、内部业务流程、学习与创新则是达成财务目标的原因和动因。以上因果关系的建立，有效解决了以往绩效评价指标间关系不清的问题，有利于企业把关注点集中在长远目的上，将长期战略与短期目标结合，将对企业经营者片面追求短期利益或部门利益，而牺牲长远利益或公司整体利益等非理性行为进行有效约束。BSC 同样也存在一些问题。一是未能同时反映政府、债权人等利益相关者的诉求和作用；二是实际应用成本较高，同时涉及各个层面的具体指标和数据获取，需要充分考虑企业的特征，需要较高的费用；三是对指标进行量化较为困难，特别是非财务与财务指标间的逻辑关系以及各指标不同权重的确立等问题，主要由主管人为设定，缺乏客观依据。

1　1990 年由凯文·克罗斯（Kelvin Cross）和理查德·林奇（Richard Lynch）提出。
2　1996 年由美国学者罗伯特·卡普兰和戴维·诺顿提出。

二、我国国有企业绩效评价综述

长期以来，我国学者分别从宏观和微观两个方面对包括国有企业在内的国有经济绩效评价进行了较为深入的研究，但更多地是侧重于微观方面的研究，即对国有企业的绩效评价研究。这些研究对国有资本绩效评价有很好的参考作用，但并不能作为国有资本绩效评价的主要方法。

宏观方面对国有企业绩效评价的研究主要从国有经济的规模、竞争力、布局等方面进行，并构建了相应的指标体系。王淑贤（2000）构建了国有资本的绩效评价指标体系，体系主要包括国有资本的功能、管理、宏观布局以及经营效率等方面。国家统计局课题组（2001）从动态和静态两个方面对国有经济的控制力指标进行了研究，由此计算出我国工业行业的国有经济总控制力系数。国有经济动态控制力指标由销售收入增长率、总资产增长率、所有者权益增长率和劳动生产率等组成。国有经济静态控制力指标主要反映国有经济的调节力和保障力指标，包括总资产、销售收入和所有者权益分别在行业中的比重。丁志铭、丁晓钦（2004）构建了由国有经济适度规模指标、国有经济控制力指标、国有控股参股的合理构成指标、国有经济主导竞争力等要素构成的国有经济主导竞争力指标体系。严汉平、焦少飞、白永秀（2008）对国有经济战略调整的绩效构建了一套指标评价体系，主要从国有经济的规模、结构、效益以及配套改革四个角度进行评价。

从微观方面对国有经济绩效评价的研究，主要包括评价内容、评价指标和评价方法等，这些研究各有侧重，很大一部分借鉴了一般企业的绩效评估内容和方法，其指标的选取也一般从营利能力、营运能力、偿债能力、发展能力以及社会效益等方面对企业绩效评价进行了研究。吴应宇（2003）从企业可持续发展方面对绩效评价进行研究，陆庆平(2006)和温素彬、黄浩岚(2009)从利益相关者角度对绩效评价进行了研究,张蕊(2007)则从发展循环经济的角度进行了研究。与此同时，有关绩效与相关要素的实证研究也日益丰富。文海涛、倪晓萍（2003），王化层、程小可等（2004），胡志勇（2004），张川、潘飞（2007），张川（2009）等以财务指标与非财务指标为对象对评价指标之间的相关性进行了实证研究。袁晓玲、李政大等（2013）以 2007 年－ 2010 年中央企业控股的上市公司为样本，从股权集中度和股权制衡两个方面探讨了资本的集中程度对 EVA 的影响。

三、国有企业绩效评价与国有资本绩效评价的差异

这些研究针对的对象主要包括国有企业在内的国有经济，其中以国有企业的绩效评价为主，没有完全区分国有资本与国有企业之间绩效评价的差异。国有资本运营公司与国有企业是不同表现形式的国有资本，无论是在其组织形式、生产经营方式以及营利方式上都具有极大的不同。对国有资本运营公司的绩效评价方法、指标与对国有企业的绩效评价方法、指标等有着极大的差异，并不能完全照搬国有企业绩效评价的方法和指标，因此，科学的绩效评价方法和指标的选取对国有资本的绩效评价极为重要。

第四节 国有资本运营公司绩效评价

国有资本运营公司绩效评价的核心，是将国有资本的增值程度和增值方式具体化、指标化。针对不同的角度和不同的评价主体，资本运营公司的绩效评价可以分为多种不同的评价方式。从运营过程来看，可分为投资阶段、对出资公司培育管理阶段以及退出出资公司阶段等多个阶段的绩效评价。从评价的周期长短来看，又可以分为年度和中长期的绩效评价。从内部管理看，又可细分为投资管理能力、增值服务管理能力、营利能力、风险管控能力等多个方面的绩效评价，依据评价主体的不同，又可分为利益相关者、主管机构、专业机构以及社会公众对国有资本运营公司的绩效评价等。这些评价方式都可以从不同侧面对国有资本运营公司进行绩效评价，但其最终也最为根本的目的是反映国有资本的增值情况，以及能否对行业或产业进行有效控制。本文着重从资本增值角度对国有资本运营公司进行绩效评价。

一、评价目标

国有资本运营公司的运营目标是在政府规定的运营范围内进行投资并实现国有资本的价值增值。对其增值判断的标准是资本价值形式的增加。国有资本运营公司的资本以两种形式存在：一是对所投资公司或企业的股权或股份，二是价值形式。国有资本运营公司的收益包括出资企业的股息和红利、转让股权所获得的股权转让收益以及清算收益等。在对于一些重要的出资企业长期持股的情形下，国有资本运营公司的收益将以股息和红利的方式取得。在以最终退出为目的的股权投资情形下，国有资本运营公司的收益将主要以股权转让收益的方式取得。

据此，将公司资本投资、运营和营利能力的监控，作为国有资本运营公司的绩效评价目标，以促进国有资本的效率，保证国有资本的保值增值。

二、评价指标

国有资本运营公司的资本增值的绩效评价指标，主要有资产报酬率、经济增加值、投资增值率、投资退出收益率、营利退出项目占比和收益来源占比等，这些指标分别从不同的侧面反映了国有资本运营公司的资本增值情况。

（一）资产报酬率

资产报酬率衡量的是营利能力。一般情况下，主要包括总资产报酬率和净资产报酬率两个子指标。总资产报酬率是衡量资本运营公司全部资产的获利水平。净资产报酬率衡量的是资本运营公司权益资本的获利水平，能够反映公司受金融市场短期波动影响的特性。

$$总资产报酬率 = \frac{净利润}{总资产}$$

$$净资产报酬率 = \frac{净利润}{净资产}$$

资产报酬率直观反映企业收益水平。资产报酬率越大，说明收益水平越高；反之，资产报酬率越小，意味着国有资本运营公司的收益水平越低。总资产反映了公司的融资能力以及融资产生的经济效益。

（二）经济增加值

经济增加值充分考虑了资本成本，体现了资本利用的效率。依据经济增加值的定义，国有资本运营公司每年创造的经济增加值等于税后净利润与全部资金成本的差额（见如下公式），其中资金成本包括债务资金成本和权益资金成本。

$$EVA_t = NOPAT_t - CC_t = NOPAT_t - TC_{t-1} \times C$$

其中：EVA_t 为第 t 期国有资本运营公司的经济增加值；$NOPAT_t$ 为 t 期国有资本运营公司的税后净利润；CC_t 为 t 期国有资本运营公司的资金成本；TC_{t-1} 为 t 期期初的资本账面价值；C 为加权平均资本成本率。

对于加权平均资金成本率，其计算可以通过下述公式计算：

$$C = \frac{D_M}{(D_M + E_M)} \times C_D + \frac{E_M}{(D_M + E_M)} \times C_E$$

其中：D_M 为国有资本运营公司的债务资金；E_M 为国有资本运营公司的主权资金即所有者权益；C_D 为国有资本运营公司的税后债务资金成本率；C_E 为国有资本运营公司的主权资金成本率。

（三）投资增值率

投资增值率是反映国有资本运营公司所投资企业股权价值增值大小的指标。国有资本运营公司的收益来源中，投资增值占有重要的地位，其对公司收益的影响在某些情形下远大于股息和红利收益，投资增值的幅度大小直接影响国有资本运营公司的收益水平。必须在较长时间内持有的所投资企业的股权除外，对于其他所投资的企业，国有资本运营公司最终将以部分退出或全部退出的形式实现投资收益。在投资以前，国有资本运营公司的资本表现为货币资金，投资以后，资本由货币资金转化为所投资企业价值形态的股权。股权价值形态的增加依赖于所投资企业的成长与发展，所投资企业成长和发展得越快，国有资本运营公司持有的股权增值也越快。公司持有的股权增值幅度越大，资本增值幅度也越大，公司退出获得的收益也越大。资本运营公司资本的投资价值增值就是所持有的各个出资企业的股权价值增值之和。国有资本运营公司的投资增值率可用如下公式表示：

$$投资资本增值率=\frac{\sum_{i=1}^{n}（期末投资资本价值_i-期初投资资本价值_i）}{\sum_{i=1}^{n}期初资本投资价值_i}$$

期初投资资本价值＝期初享有的出资企业的权益价值

期末投资资本价值＝期末享有的出资企业的权益价值＋退出部分权益实现的价值

（四）投资退出收益率

投资退出收益率是反映国有资本运营公司投资退出所实现的收益大小的比率。与投资增值率相比，投资退出收益率主要反映的是国有资本投资退出变现所实现的回报大小。投资增值率主要反映的是国有资本运营公司投资资本收益水平，更多地是从账面上衡量投资资本的回报，而投资退出收益率则是以国有资本运营公司资本退出变现所实现的资本收益，同样具有重要的参考价值。

$$投资资本退出收益率=\frac{退出部分或全部股权时实际收到的资金金额-相应的投资金额}{相应的投资金额}$$

投资退出收益率并没有将投资的时间要素考虑其中。在多数情况下，投资增值幅度与投资期限具有很大的相关性，投资时间越长，企业成长和发展得越好，投资退出的收益率也就越大，但其衡量的标准只是从投入时点和退出时点上进行衡量，并没有从时间维度上对退出投资收益率进行衡量。因此，可以将时间要素考虑进来，简单地除以投资时间，得出年平均投资退出收益率。

（五）营利退出项目比重

营利退出项目占比是指最终以营利退出的项目数量占总投资项目数量的比率，反映的是国有资本运营公司投资营利的项目比例。投资有风险，在国有资本运营公司将进行诸多的投资活动，不可能每一笔投资都以营利退出，有些投资项目实现收益，有些投资项目则可能亏损。该指标能反映国有资本运营公司所有投资项目中最终以营利退出的项目占比，从侧面反映国有资本运营公司的投资能力。

结合不同的退出方式，国有资本投资营利退出项目占比又可以进行不同方式的细分。在国有资本运营公司的投资退出方式中，主要包括 IPO 退出、并购退出、回购退出和清算退出等四种主要的方式。每种退出方式所能实现的投资收益也存在很大差异，如 IPO 退出方式一般能产生较高的收益，而清算退出通常是最差的退出方式，通常会产生亏损甚至较大幅度的亏损。需要进一步对退出项目进行评价时，可以分别从四种退出方式所占比例以及营利比例进行细分。

（六）收益来源占比

收益来源占比指标主要是反映国有资本运营公司收益中股权转让所获得投资增值与股息、红利取得两种不同的收益方式中各自所占的收益份额，反映的是国有资本运营公司的收益结构。投资增值是资本运营公司收益的重要来源，另外一个收益来源则来自所投资企业的股息与红利分配。在很多情形下，为实现国有资本的整体目标，如对某一行业的控制权或国民经济重要领域的控制力，国有资本运营公司对一些公司的股份需要持有较长的时间并有效地参与所投资企业的治理。对这些持有时间较长的企业，国有资本运营公司的主要收益来源则是持股企业的股息和红利。投资收益与股息、红利收益反映出国有资本运营公司的收入来源结构，一定时期的收益来源占比也能反映出一定时期内国有资本运营公司经营方式的转变。

三、评价标准

国有资本运营公司依据绩效评价系统，确定合理的绩效评价标准至关重要，将直接关系到绩效评价结果的优劣。由于国有资本运营公司投向的领域众多，包括39个行业（黄慧群，2013），而且大部分将投向关系国家安全、国民经济命脉的重要行业和关键领域。针对不同投向的资本运营公司，对于同一个评价指标应选取不同的评价标准。例如，在收益率较高的行业，这一指标的标准应较大，而在收益率较低的行业，标准设置也应较低。其评价标准可以通过同一领域或行业主要的大中型企业相应指标的平均数作为基准评价标准，以此来衡量国有资本运营公司资本运营的效率与效果。

第五节　国有资本整体绩效评价

对于国有资本整体的绩效评价，除了需要评价国有资本整体的保值增值能力外，还应同时注重国有资本的配置结构以及国有资本的支配力与控制力等方面。

一、评价目标

国有资本作为一个整体，其第一目标是增值，即通过资本运营实现国有资本价值的增加。但除价值增值以外，国有资本还必须实现其他目标。

一是保值增值。保值增值是国有资本的首要目标。所谓保值，是指保证国有资本的价值不减少，防范国有资本由各种方式所造成的流失。在我国的国有企业改革历史中，为了达到国有企业的效率和效益，从出售中小国有企业，到国有企业的MBO，均导致过国有资产的价格被严重低估而造成的国有资本流失现象。在国有资本的运营过程中，必须尽可能地考虑国有资本的保值问题，有效管理和防范国有资本运营过程中可能出现的风险，以免造成不必要的国有资本流失。所谓增值，是指国有资本属于资本范畴，资本的本性决定了国有资本的增值性。也只有不断增值，才能维持国有资本的活力，使国有资本更好地为国家发展服务。

二是优化配置结构。除增值目标外，优化国有资本的配置结构也是国有资本整体的重要目标之一。国有资本的配置结构必须服务于国家发展战略。不同的阶段和不同的发展时期，国家对于国有资本的配置结构也有不同的配置结构要求。国有资本的配置结构也必须依据国家的发展战略做出相应的配置变化。在当前的经济发展阶段下，国有资本必须有助于国家达到保护生态环境、支持科技进步、保障国家安全的战略目标，如重要的、具有前瞻性的战略性新兴产业，由于投资周期长或投资规模大，私人资本不愿意或没有能力进行投资而又对国家发展具有重要战略作用的高科技产业等。对于关系到国家安全、国民经济命脉的重要行业和关键领域，国有资本投资需要进行集中。

三是提高支配力和控制力。国有资本的支配力和控制力，是指国有资本在国民经济或各产业中，相同的资本数量控制的社会总资本数量，或者是在控制社会总资本数量一样的情况下，运营公司所投入的总资本。国有资本的目的之一，就是以较少的资本投入来支配和控制更多的社会资本，实现对国民经济发展的支配力和控制力。对于不同的产业，国有资本应保持相应的支配力和控制力。在当前的经济发展阶段，国有资本的支配力和控制力应表现为四种形式（黄淑和，2014）：一是对于涉及国家安全的少数行业或产业，国有资本必须保持对行业或产业的绝对控制，主要表现为以国有独资公司或国有资本运营公司全资控股的形式经营这些行业或产业；二是在对于涉及国民经济命脉行业的公司中，必须保持国有资本的绝对控股；三是在支柱产业和高新技术产业等重要行业或产业中的公司，可以保持国有资本的相对控股；四是对不需要国有资本进行控制的行业或领域，国有资本可以采取参股形式或完全退出。

对国有资本整体进行绩效评价的目标就是依据国有资本的运营目标，客观评价国有资本整体的绩效，加强对国有资本实现保值增值、优化配置结构和提高支配力与控制力目标实现情况的监控，以促进国有资本的整体运营效率与效益。

二、评价指标

国有资本整体运营目标的评价指标主要包括三类：一是国有资本的保值增值率，二是国有资本的配置结构指标，三是国有资本支配力与控制力指标。

（一）国有资本保值增值率指标

国有资本保值增值率指标主要反映了国有资本整体保值增值的情况。

$$\text{国有资本保值增值率}=\frac{\text{期末国有资本总量}-\text{期初国有资本总量}}{\text{期初国有资本总量}}\times 100\%$$

其中，国有资本总量为所有资本运营公司的资本总量之和。

保值增值率是国有资本整体保值增值水平最为直观的反映。国有资本保值增值率越大，说明国有资本整体收益水平越高；反之，保值增值率越小，则意味着国有资本整体收益水平越低。

$$\text{国有资本控股企业平均总资产收益率}=\frac{\text{国有资本控股企业总收益}}{\text{国有资本控股企业总资产}}\times 100\%$$

国有资本控股企业评价资产收益率从一个侧面反映国有资本保值增值率，所反映的是国有资本控股的企业总资本的收益率。

（二）国有资本配置结构指标

国有资本配置结构指标主要反映国有资本整体配置的情况，其主要指标为行业（领域）国有资本占国有资本总量的比率，反映的是国有资本在该行业（领域）中的配置比率。该指标的时间序列数据具有参考意义，能反映国有资本在某一行业（领域）配置的增加或减少状况。通过该指标与国家就某一行业（领域）的国有资本增加或减少的政策对比，可以反映出国有资本配置结构优化的变化情况。

$$\text{行业(领域)国有资本占比}=\frac{\text{行业(领域)国有资本总量}}{\text{国有资本总量}}\times 100\%$$

（三）国有资本支配力与控制力指标

国有资本支配力和控制力指标主要是反映国有资本在国民经济中的支配力和控制力，即以多少的国有资本投入来支配和控制更多的资产、资源，甚至支配和控制整个国民经济，反映了国有资本配置效率的高低。国有资本的支配力与控制力通常包括国有资本整体的控制力与支配力以及国有资本对不同行业的控制力与支配力。

$$\text{国有资本控制力指数}=\frac{\text{国有资本控制企业资产总量}}{\text{国有资本总量}}$$

这里所指的国有资本控制企业的资产总量主要是指国有资本相对控股或绝对控股企业的资产总量之和（下同）。该指数越高，反映相同总量的国有资本所控制的资本总量越大，同时对社会资本的支配力和控制力越强。

$$\text{国有资本行业控制力指数}=\frac{\text{国有资本控制某一行业企业的资产总量}}{\text{该行业资本资产总量}}\times 100\%$$

国有资本的行业控制指数反映了国有资本对该行业的控制能力强弱。该指标数值越大，反映国有资本对该行业的控制力越强。由于国有资本对不同的行业（领域）进行控制的要求不同，有些行业（领域）企业需要100%控股，有些行业（领域）企业需要绝对控股，有些行业（领域）需要相对控股，对该指标的评价需要与国有资本对该行业（领域）的控制要求进行对比，而不能简单通过不同行业（领域）的控制力指数进行横向对比。

三、评价标准

对于国有资本整体的运营评价，其评价标准应根据作为所有者代表的政府对国有资本整体的政策要求而制定。

第九章 国有资本运营的政策保障

政府与国有资本的关系，一方面是政府作为国有资本的所有者代表，享有所有者即股东的权利与义务，另一方面是政府负有统一监督管理国有资本运营的职责。国有资本运营公司成立之后，将改变由政府部门（国资委）直接持有国有企业股权的现状，由国有资本运营公司代替政府国资监管部门从事企业股权运营。在分离所有权与监管权之后，政府对国有资本统一监管者的职能定位将更加明确。国有资本监管者的主要职责将由以往国资委管人、管事、管资产逐步向管资本转变，逐步从琐碎的管理事务中解脱出来，专注于国有资本政策的制定、实施与监督，履行制定国有资本的投资政策、国有资本绩效考核政策、国有资本收益分配政策等宏观监督管理职能。

第一节 深化国有资产管理体制改革

国资监管体制是不断发展和完善的。2003 年，我国对国资监管体系进行了改革，中央和地方政府均成立了国资委。国务院国资委被赋予了全国国有资产统一监管的职责。随着改革的深化，我国国有资产管理体制出现一些新的问题。例如，国资委直接持有所有中央企业的股份，导致国有资产的所有者与监管者又成为一体，国资委股东的地位得到加强，而国有资产统一监管者的地位却逐渐缺位等。下一步深化国有资产管理体制改革、完善国有资产管理体制的核心任务是进一步分离政府的国有资本所有者代表与监管者职能，加强政府国资宏观监管职能，将国有资本运营的职能授权给国有资本运营公司，健全国有资本运营公司的现代企业制度，准确界定国有资本的投资方向与重点，形成政府国资统一监管－国有资本运营公司—参股或控股的混合所有制企业三个层次的国有资本监管、运营体系。

一、对国有企业进行科学分类

对国有企业进行科学分类是界定我国深化国资监管体制的重要前提。我国国有企业规模庞大，由此导致其分类也相对复杂。国企的分类不仅需要考虑不同行业之间的国有企业，还必须认识到同一国企中还存在着不同性质的业务。截至 2013 年 8 月，将国有金融类企业除开，我国国有企业的净资产达到 30.4 万亿元。其中，中央企业的净资产总额占50%有余，达到了16.1万亿（马相东，2014）。在庞大的国有企业中，涉及国民经济的各行各业，有关系到国民经济命脉的行业，如军工、能源、电力等行业，也包括基础性和支柱行业，如汽车制造、设备制造、钢铁、勘探设计等行业。在企业的功能上，既包括提供政府公共服务与公共品的企业，这些企业通常不以追求利润为目的，接受政府财政补贴，或者以微利为目的，包括供气、供暖、供水以及供电等网络提供的企业。除提供公共服务的国有企业外，更多的是以营利为目标的国有企业。这些以营利为目的的国有企业包括了一般竞争性行业的国有企业，也包括了垄断竞争和自然垄断的国有企业。从国有企业管理到国有资本管理，必须首先对国有企业进行科学划分，准确界定以追求利润为目的的国有企业，将这些企业纳入资本管理的范畴。

二、组建国有资本运营公司

在对国有企业进行科学分类、准确界定国有资本的前提下，组建若干国有资本运营公司成为必然。国有资本运营公司是国有独资经营实体，是国有资本运营的微观主体，其设立、变更和注销必须经过一定的法定程序。国有资本运营公司的经营对象是企业股权或产权，而不进行产品或劳务的经营，其经营的目标是实现资本价值增值。国有资本运营公司是连接国家所有、市场运营以及国资监管部门重要的中间环节。从法律关系上看，国有资本运营公司是完整的企业法人，无论其采取怎样的经营形式，都应以企业的身份从事市场活动，可以进行兼并、合并、出售、破产清算等市场行为。其市场行为必须纳入《公司法》及相关法律法规的调整范围，不宜另外制定一套特别法律。国有资本运营公司并不直接从事商品或劳务生产、经营活动，其主要的运营对象是一种特殊商品——国有资产的产权，即所投资企业的股权和所有权，通过筹资—投资—收益分配—再投资的循环实现国有资本的保值增殖，使国有资本的规模不断扩大。

对于国有资本运营公司的设立，应主要通过组建或改建两种方式形成。组建主要是成立新的公司，将需要纳入新成立公司的国有企业股权或混合所有制中的国有股权纳入公司管理范围。新成立的公司则依据国资监管部门的政策，实现对国有企业股权减持或增持，达到国有资本政策所规定不同的行业企业持股所要求的范围，并对政策要求的行业内的企业进行重新投资。改建主要是指对目前已有的集团公司实施资本运营公司的改组。在我国现有的国有企业中，有一部分集团公司或总公司实际上已经具备了资本运营公司的某些特点，如石化、电信、电力领域的部分中央企业。对这类企业进行国有资本运营公司的改建有助于提高效率，减少人员的大幅变动。新改建的公司继续管理所持有企业的股权，剥离已有的商品或劳务生产活动，或并入其他控股的公司。在此基础上，再依据国有资本监管部门的政策对已持有企业的股权进行增持、减持或退出等市场行为，并重新对政策要求内的行业企业进行投资、收购、兼并等行为，不断优化国有资本的配置。

三、健全国有资本运营公司治理结构

作为政府授权的资本运营企业，国有资本运营公司是完整的法人企业，其市场行为必须纳入《公司法》及相关法律法规的调整范围，国资监管部门必须健全国有资本运营公司的治理结构，构建科学的董事会、监事会和公司经营管理层。

政府国资监管部门对国有资本运营公司的控制主要通过对董事会的控制实现。国资监管部门必须先向国有资本运营公司派驻合适人员担任董事，科学构建其治理结构，组建完整的董事会、独立董事及监事会并对三者进行科学的授权分工，规定董事的任期。所派驻的股东董事由政府或国资监管部门通过一定的程序选拔和委派。非执行董事身份可以是党政干部或国家公务员身份，其薪酬水平可以略高于同级公务员，由国家财政支付，而不是由资本运营公司支付。独立董事则由具有经济、金融和法律等专业知识背景的专家担任，独立董事的选拔应公开透明，这些专家必须具备独立性和中立性，不能与资本运营公司有利益关联。执行董事是指在公司经营管理层中担任一定职务的董事，既可以是政府委派的董事，又可以是公司通过董事会从社会公开招聘职业经理人。对于执行董事，应列入公司的经营层，脱离公务员系统，享受市场化的薪酬待遇。监事会成员应由政府、国资监管部门、审计部门或纪律检查部门委派，保证公司正常有序有规则地进行经营，防止公司董事会或经营管理层滥用职权，危及国家、公司利益。监事会成员也应是政府公务员，由政府部门任命，领取相应行政级别的公务员薪酬。公司经营管理层则主要由公司董事会通过社会公开招聘具有专业的知识和技能的职业经理人队伍组建，负责公司的日常经营管理，向公司董事会负责。

第二节　制定国有资本投资政策

国有资本的投资政策，主要是指政府必须根据国家发展战略和发展目标，界定国有资本的投资方向与重点，使国有资本更好地服务于国家发展，推动国家发展战略和目标的实现。同时，国有资本投资政策也将为国有资本运营公司的投资方向提供参考与依据。制定国有资本的投资政策，主要包括两个方面：一是制定国有资本整体的投资政策，二是界定单个国有资本运营公司的投资范围。

一、国有资本整体的投资政策

国家不同的发展阶段具有不同的发展战略和发展目标，需要国有资本与其相适应，也需要更好地运营国有资本以达到国家发展的战略和目标。总体来看，对于国有资本整体的投资政策，政府需要回答三个方面的问题：一是投资的目标，二是投资的行业，三是对行业的控制程度。

（一）投资目标

政府对国有资本投资的目标的缺点是随着国家发展阶段的变化而不断变化的，同时也需要政府根据国家发展的现状和问题以及发展环境不断优化国有资本的投资领域。在这些领域中，关系国家安全的以及国民经济命脉的行业始终是国有资本投资的重点。此外，具有前瞻性的关键行业也应是国有资本的投资重点。随着国家的发展，这些领域的具体内容也是不断发展变化的。政府必须依据国家发展的战略和目标不断优化国有资本的投资领域，使国有资本更好地为国家发展服务。

（二）投资行业和控制程度

政府必须出台国有资本对投资行业及其控制程度的政策，为国有资本投资提供参考和依据。国有资本重点投资的行业是随着投资目标的变化而不断变化的。国有资本对投资行业的控制是通过对行业内的重要企业的控制而达到目标的。在确定整体投资目标的前提下，政府需要明确哪些行业的投资能达到国有资本的整体目标。

纵观我国国有企业的发展过程，也是国有资本从全行业、全领域向部分行业、部分领域撤资并向重要的行业和领域不断集中的过程。有些行业是国有资本始终占据重要地位的行业，如军工、电网电力、石油石化和电信等，有些行业则是国有资本与非国有资本并存，如煤炭、钢铁、汽车、造船和有色金属等，而有些行业则是国有资本基本上完全撤出，如家电产品、纺织服装和普通商业服务等一般性生活用品和生活服务行业。

在当前的发展阶段，我国国有资本需要重点投资的行业至少应包括以下几个方面：少数涉及国家安全的的国有企业，可以采取国有独资形式；涉及国民经济命脉的关键行业，则应保持国有资本的绝对控股；具有前瞻性的高新技术行业以及支柱产业，可以保持国有资本的相对控股；对于不需要控制的行业，可以采取国有资本参股或国有资本完全退出。

二、界定国有资本运营公司投资范围

作为国有资本实际运营的微观主体，必须在国有资本运营公司的组建或改建时，政府政策准确界定国有资本运营公司的投资方向和投资范围，实行一企一策。对于投资目标，则只能作原则性的要求，以免通过投资目标对国有资本运营公司过度束缚，干扰国有资本运营公司的实际投资运营。对于不同的国有资本运营公司，应明确不同的投资范围，并根据不同的投资范围确定对所投公司的控制程度。不同的国有资本运营公司之间可以存在投资范围的重叠。对于需要适当竞争的行业，可以在允许多个国有资本运营公司拥有该行业的投资权限。对于达不到投资目标或投资亏损严重的国有资本运营公司，政府应通过相应的程度对其进行撤销或并入其他资本运营公司。对于不需要国有资本进入的行业，可以通过列举国有资本投资负面清单的方式，禁止国有资本运营公司进入。

第三节　完善国有资本绩效考核政策

国有资本的绩效考核体系应包括两个方面。一方面是国有资本整体的绩效评价。另一方面是政府作为监管者对国有资本运营公司的考核，包括国有资本运营公司的收益水平、投资目标实现程度等。

对于作为国有资本整体所有者代表的政府进行考核政策的制定，应注重主要从国有资本整体的收益率、国有资本的整体配置结构以及对重要行业的支配力和控制力等方面进行。对于国有资本运营公司的考核政策的制定，应在准确界定不同国有资本运营公司不同投资范围的基础上，增强考核体系的针对性和有效性。对投资范围不同的公司应根据行业特点制定不同的考核标准。有些投资行业投资周期长，收益见效慢，但对于国家发展又具有重要作用，对这类行业的考核应在投资收益各考核指标水平的基础上，放宽考核周期。对于投资周期短、见效快的行业，则应重点考核与投资收益相关的各指标水平。对于需要长期控制或100%控制的行业企业，除收益水平外，应更注重行业企业的创新性和对国家发展的贡献等方面。

第四节 优化国有资本收益分配政策

优化国有资本收益分配政策的主要内容是根据国有资本运营公司运营状况、国家财政状况以及经济发展状况合理确定国有资本收益上缴比例，使一方面是国有资本收益尽可能为社会公共服务做出贡献，保障和改善民生，另一方面又不影响国有资本运营公司投资与发展，使国有资本运营公司能够实现投资目标，为国家发展战略和目标服务，同时又能加大国有资本总量，为未来更多地上缴收益提供基础。

对国有资本运营公司的收益分配，政府部门应根据行业或领域特点，出台科学的收益上缴比例政策，应根据不同的情形确定不同的上缴收益比例，通过国有资本收益来确定上缴比例的动态调整来调节国有资本运营公司的投资重点。对于国家支持的重点发展的行业，对国家具有战略意义的行业，如高新技术行业，国有资本运营公司的收益上缴比例可以保持较低水平，将更多的收益用于行业的再投资，促进行业的快速发展。对于具有垄断性的行业，对投资该行业的国有资本运营公司可以适当提高收益上缴比例。对于国有资本需要逐步退出的行业，对投资该行业的国有资本运营公司可以适当提高收益上缴比例。对于需要国家重点扶持的行业，而民营资本又不愿意进入的行业，可以使国有资本收益上缴比例尽量保持较低水平，直到该行业发展壮大到一定程度，再提高收益上缴水平。对于高成长性的行业，则应尽量降低投资该行业国有资本运营公司收益上缴水平，使得国有资本运营公司保持较高的投资比例。对于现金流稳定的行业，应将投资该行业的国有资本运营公司的收益上缴比例保持一定水平。

参考文献

[1] 蔡继明. 中国发展混合所有制的理论基础是什么[J]. 学术前沿，2014(4)：12.

[2] 曹凤岐. 股份制与现代企业制度 [M]. 北京：企业管理出版社，1998：129-130.

[3] 曹立. 混合所有制研究——兼论社会主义市场经济的运行基础 [D]. 北京：中共中央党校，2002.

[4] 常修泽，高明华. 中国国民经济市场化的推进程度及发展思路 [J]. 经济研究，1998(11)22.

[5] 陈国权，于洋. 公共品的生产和分配：两种不同的行政逻辑——兼论民主行政的适用性》[C]// 第五届中国行政改革论坛论文集. [出版者不详]，2014：9-15.

[6] 陈华. 政府购买公共服务：公共治理创新的实践路径 [C]// 第五届中国行政改革论坛论文集. [出版者不详]，2014：101-103.

[7] 陈佳贵，金碚. 中国国有企业改革与发展研究 [M]. 北京：经济管理出版社，2000：37-40.

[8] 程立萍. 资本及其与资产、资金的关系 [J]. 财会通讯，1994(2)：19-21.

[9] 池国华. EVA 管理业绩评价系统模式 [M]. 北京：科学出版社，2008：301-320.

[10] 崔友平. 资本理论评述及启示 [J]. 当代经济研究，2000(8)：45-48.

[11] 邓明然. 中国混合所有制企业国有产权研究 [D]. 武汉：武汉理工大学，2003.

[12] 丁志铭，丁晓钦. 国有经济主导竞争力指标体系研究 [J]. 经济体制改革，2004(2)：66-68.

[13] 董辅礽. 从企业功能着眼分类改革国有企业 [J]. 改革，1995(4)：54-56.

[14] 杜胜利. 企业经营业绩评价 [M]. 北京：经济科学出版社，1999：234-235.

[15] 范恒山. 如何理解大力发展混合所有制经济 [N]. 人民日报，2003-11-3.

[16] 冯子标，赵旭亮. 国有经济市场化的实质 [J]. 经济研究，1993(11)：19-22.

[17] 付青山. 国有资本收益分配的研究——基于经济转型的视角 [D]. 上海：复旦大学硕，2009.

[18] 干胜道. 所有者财务：一个全新的领域 [J]. 会计研究，1995(6)：86-88.

[19] 高莉. 国有资本经营预算的考核评价体系构建 [D]. 成都：西南财经大学，2008.

[20] 高粱. 论垄断行业国有企业的改革 [M]// 共同理想的基石——国有企业若干重大问题评述. 北京：经济科学出版社，2012：550-552.

[21] 高明华，杜雯翠. 国企如何分类改革和治理 [J]. 改革内参，2013(46)：12-15.

[22] 高明华，杨丹，杜雯翠，等．国有企业分类改革与分类治理——基于七家国有企业的调研 [J]．经济社会体制比较，2014(2):29-33.
[23] 高明华．关于建立国有资产运营体系的构想 [J]．南开大学学报，1994(3):96-98.
[24] 高明华．国有经济战略性调整应坚持的基本思路 [J]．前线，2013(3):66-68.
[25] 高文燕，杜国功．国有企业分类改革研究 [J]．发展研究，2013(10):45-50.
[26] 耿明斋，李燕燕．国有资本生存边界与管理模式 [M]．北京：中国经济出版社，2003:228.
[27] 顾琴．新型国有资产经营公司研究 [D]．长春：吉林大学，2012.
[28] 顾习龙.马克思资本理论与社会主义市场经济[D].苏州：苏州大学,2012.
[29] 郭复初．财务新论 [M]．上海：立信会计出版社，2000:22-25.
[30] 郭复初．国家财务 [M]．成都：西南财经大学出版社，1999:197-201.
[31] 郭平．国有资本运营与管理 [M]．长沙：湖南大学出版社，2003:221-223.
[32] 郭世辉．国有股权结构变革——资本权利错配与重置研究 [M]．中国社会科学出版社，2012:23-30.
[33] 国家统计局课题组.对国有经济控制力的量化分析[J].统计研究,2001(1):10-11.
[34] 郝大明．国有企业公司制改革效率的实证分析 [J]．经济研究，2006(7):58-62.
[35] 郝云宏，冯梅．国有资本经营论 [M]．北京：经济科学出版社，2000:92.
[36] 何诚颖．国有经济战略性改组与国有资本运营（下）[M]．北京：中国财政经济出版社，2002:256.
[37] 胡培兆．社会主义国有资本论 [M]．北京：经济科学出版社，1999:22-29.
[38] 胡颖，刘少波．混合所有制与国有企业产权多元化改革 [J]．科学・经济・社会，2005(2):108-109.
[39] 胡志勇．国有资本金效绩评价体系的价值相关性 [J]．会计研究，2004(10):38-41.
[40] 黄群慧．论国有企业的战略性调整与分类改革 [J]．学术前沿，2013(11);22-26.
[41] 黄群慧．新时期如何积极发展混合所有制经济 [J]．行政管理改革，2013(12):89-92.
[42] 黄少安．国有资产概论 [M]．北京：经济科学出版社，2000:349-350.
[43] 黄少安．也谈国有股权管理的范围 [J]．经济研究，1993(11):220.
[44] 黄淑和．国有企业改革中深化 [J]．求是，2014(3):33.
[45] 黄速建．公司论 [M]．北京：中国人民大学出版社，1989:201.
[46] 季晓南．国有资产经营管理理论与实践 [M]．北京：中国经济出版社，2003:19.
[47] 季晓南．正确理解混合所有制经济 [N]．经济日报，2014-3-27.
[48] 金碚．国有企业根本改革论 [M]．北京：北京出版社，2002:165.
[49] 蓝定香．建立现代产权制度与国有企业分类改革 [J]．经济体制改革，2006(1):12-15.
[50] 李斌．资产定义的比较研究 [D]．武汉：武汉大学，2005.

[51] 李丹，周文良．国有资本经营预算考核评价研究［J］．经济问题探索，2007(10):101-105.
[52] 李稻葵，武常岐．国有企业改革：产权多元化还是改善经营管理［M］// 徐淑英，刘忠明．中国企业管理的前沿研究．北京：北京大学出版社，2004:99-106.
[53] 李石．马克思社会资本思想及其在当代的发展［D］．哈尔滨：黑龙江大学，2012.
[54] 李铁映.关于国有企业改革与发展的若干建议（代序）[M]//陈佳贵,金碚,黄速建.中国国有企业改革与发展研究.北京:经济管理出版社,2000:1-3.
[55] 李新华，张树中，刘怡，等．外国国有资产管理理论与实践［M］．北京：中国环境科学出版社，1993:451-455.
[56] 李志豹．混合所有制：中国企业改革新目标［N］．中国企业报，2011-7-8.
[57] 林青松，李实．企业效率理论与中国企业的效率［J］．经济研究，1996(7):67-72.
[58] 林毅夫，蔡昉，李周．现代企业制度的内涵与国有企业改革方向［J］．经济研究，1997(3):39-42.
[59] 刘纪鹏，赵晓丹．中国国企的划分与监管［J］．财经，2013(4):121-125.
[60] 刘建琼.政府购买服务的国内外差异比较[C]//第五届中国行政改革论坛论文集.[出版者不详],2014:99-102.
[61] 刘万生．国有控股公司研究［M］．经济科学出版社，1998:296-298.
[62] 刘小玄．中国工业企业的所有制结构对效率差异的影响［J］．经济研究，2000(2):12-15.
[63] 刘玉平,陈颖.浅议国有资本运营主体的构建[J].国有资产管理,2008(7):99-100.
[64] 刘玉平．国有资产管理［M］．北京：中国人民大学出版社，2008:342-345.
[65] 刘震伟，张正博．国有经济活力、控制力和影响力指标构架研究——以上海国有经济为例［J］．上海市经济管理干部学院学报，2008(6):75-77.
[66] 刘中桥．中西方国有企业发展比较［M］．北京：经济科学出版社，2000:222-225.
[67] 柳华平．政府与国有企业关系的重构［M］．成都：西南财经大学出版社，2005:361-363.
[68] 陆桂贤．我国上市公司并购绩效的实证研究［J］．审计与经济研究，2012(2):23-25.
[69] 陆庆平．以企业价值最大化为导向的企业绩效评价体系——基于利益相关者理论［J］．会计研究，2006(3):98-99.
[70] 罗会武．国有资本经营预算绩效评价主体研究［J］．产业与科技论坛，2012,11(3):6-8.
[71] 罗志荣．国企改革——十年攻坚探出发展新路子［J］．企业文明，2013(3):76-79.
[72] 吕立志.马克思资本理论当代性研究[D].南京:南京航空航天大学，2007.
[73] 吕政，黄速建．中国国有企业改革 30 年研究［M］．北京：经济管理出版社，2008:480-481.
[74] 马相东．混合所有制经济是基本经济制度的重要实现形式——访中国社会科学院

学部委员张卓元研究员 [J]. 新视野，2014(1):201-210.
[75] 莫童．国有资产管理与资本管理 [M]. 上海：上海交通大学出版社，2004:19-25.
[76] 牛晓虎，李卫东．资产的定义：回顾与思考 [J]. 财会通讯（学术版），2007(7):22-25.
[77] 潘岳．中国国有经济总论——历史沿革、改革历程、发展趋向 [M]. 北京：经济科学出版社，199:99-105.
[78] 平新乔，范瑛，郝朝艳．中国国有企业代理成本的实证分析 [J]. 经济研究，2003(11):54-56.
[79] 齐艺莹．国有资本效率论 [M]. 北京：经济科学出版社，2005:63-65.
[80] 钱津．改革的关键是区分国有企业与公营企业 [J]. 经济纵横，2009(2)66-70.
[81] 钱津．关于国有企业与公营企业的争论辨析 [J]. 国有经济评论，2009(9):71-75.
[82] 钱津．论国有企业与公营企业之异同 [J]. 中州学刊，2006(1):40-45.
[83] 钱津．特殊法人：公营企业研究 [M]. 北京：社会科学文献出版社，2000:46-48.
[84] 冉清文.转型时期中国政府职能问题研究[D].天津:天津师范大学,2003.
[85] 任芳，刘兵．国资委：国有经济应保持对七个行业的绝对控制力 [EB/OL]. (2006-12-18)[2006-10-2]. http://www.gov.cn/jrzg/2006-12/18/content_472256.htm.
[86] 荣兆梓．国有资产管理体制进一步改革的总体思路 [J]. 中国工业经济，2012(1):43-45.
[87] 申心吉，曹晓勇．相对控股的股权结构与公司治理 [J]. 经济论坛，2004(8):86-88.
[88] 石琭．企业估值模型在房地产上市公司中的实证研究 [D]. 上海：华东师范大学，2010.
[89] 苏忠林，姚文振．我国政府购买公共服务的机制创新研究 [C]// 第五届中国行政改革论坛论文集．[出版者不详],2014.
[90] 孙耀唯，萧金成，蒋兆理．企业重组理论与实务 [M]. 北京：石油工业出版社，1998:59-62.
[91] 唐成．国有资本运营模式比较研究 [D]. 北京：中共中央党校，2005.
[92] 唐现杰，孙伟明．国有资本运营绩效评价研究 [J]. 黑龙江对外经贸，2007(1):112-113.
[93] 万华炜，程启智．中国混合所有制经济的产权经济学分析 [J]. 宏观经济研究，2008(2):89-90.
[94] 万华炜．中国混合所有制经济的产权制度分析 [J]. 中南财经政法大学学报，2007(6):39-42.
[95] 汪海波．中国国有企业改革的实践进程（1997 — 2003）[J]. 中国经济史研究，2005(3):71-75.
[96] 汪异明．国有经济机构调整与资产重组 [M]. 北京：中国财政经济出版社，1999:320-324.

[97] 王文，崔胜朝．新加坡淡马锡董事会治理模式的启示 [J]．现代管理科学，2009(4):45-48.
[98] 王保林．中央企业产业发展报告（2011）[M]．北京：中国经济出版社，2011:67-68.
[99] 王东江．中国国有企业改革二十年 [M]．郑州：中州古籍出版社，1998:346-350.
[100] 王飞．论国有资本收益分配制度改革 [D]．北京：财政部财政科学研究所，2013.
[101] 王国平．现代国有企业治理研究 [M]．北京：化学工业出版社，2011:211-215.
[102] 王昊.从“国进民退”之争看政府职能转变[C]//第五届中国行政改革论坛论文集.[出版者不详],2014:99-106.
[103] 王灏.淡马锡模式主要特征及其对我国国企改革的启示[J].中共中央党校学报,2011(10):33-36.
[104] 王宏伟.资本效率与经济增长[D].北京:中国社会科学院研究生院,2001.
[105] 王化成，程小可，李玲玲．亏损与非线性对会计盈余与股票回报关系的影响——基于中国资本市场的分析与经验证据 [j]．中国会计评论，2004(6):9-11.
[106] 王化成，刘俊勇，孙薇．企业业绩评价 [M]．北京：北京人民大学出版社，2004:25-26.
[107] 王开国．国有资产管理实务全书 [M]．北京：中国宇航出版社，1995:88-90.
[108] 王丽娟．混合所有制中的国有股权监管研究 [D]．太原：山西财经大学，2009.
[109] 王淑贤．国有资本布局战略调整的评价指标研究 [J]．甘肃社会科学，2000(2):99-100.
[110] 王文杰．私募股权投资绩效评价研究 [D]．长沙：武汉理工大学，2012.
[111] 王贤辉．试论资本经营 [J]．洪都科技，1998(1):22-23.
[112] 王晓红．跨国公司发展与战略竞争 [M]．北京：人民出版社，2004:42-50.
[113] 王星洲．国有企业经营绩效评价研究——基于湖北省国有企业的实证分析 [D]．长沙：武汉大学，2013.
[114] 王学东．国有资本运营机制重构论 [M]．北京：中国经济出版社，2001:51-53.
[115] 魏成龙，杨松贺，张洁梅．国有资本产权市场的政府监管 [M]．北京：企业管理出版社，2011:410-419.
[116] 魏杰．构建新的国有资产管理体制 [M]．南京：江苏人民出版社，1998:123-125.
[117] 温素彬，黄浩岚．利益相关者价值取向的企业绩效评价——绩效三棱镜的应用案例 [J]．会计研究，2009(4):91-95.
[118] 温源．十年改革路　国企步铿锵 [N]．光明日报，2013-5-14(7).
[119] 文海涛，倪晓萍．我国上市公司财务指标与股价相关性实证分析 [J]．数量经济技术经济研究，2003(11):22-25.
[120] 文宗瑜．国有资产保值增值与再资本化 [J]．经济研究，1996(12):88-90.
[121] 吴敬琏，张军扩，刘世锦，等．国有经济的战略性改组 [M]．北京：中国发展出版社，1998:22-39.

[122] 吴敬琏 . 大中型国企改革：建立现代企业制度 [M]. 天津 : 天津人民出版社 , 1993:22-26.
[123] 吴晓东 . 国有资本经营预算绩效评价体系研究 [J]. 财经问题研究 , 2012(10):96.
[124] 吴延兵 . 国有企业双重效率损失研究 [J]. 经济研究 , 2012(3):43-45.
[125] 吴延兵 . 企业产权结构和隶属层级对生产率的影响 [J]. 南方经济 , 2011(4):29-30.
[126] 吴应宇 , 路云 . 企业可持续竞争能力及其影响因素分析 [J]. 中国软科学 , 2003(9):45-46.
[127] 武常岐 , 钱婷 . 集团控制与国有企业治理 [J]. 经济研究 , 2011(6):23-25.
[128] 肖金成 , 苌景州 . 组建国有资产运营公司的若干设想 [J]. 经济研究 , 1996(4):62-63.
[129] 肖金成 . 国有资本运营论 [M]. 北京 : 经济科学出版社 , 1999:76-77.
[130] 肖金成 . 西方国家的国有企业及对我国的启示 [J]. 学术交流 , 1997(1):20.
[131] 肖金成 . 国有企业债务重组新构想 [J]. 金融研究 , 1997(1):66-67.
[132] 肖金成 . 关于投资公司运行机制的研究 [J]. 中国投资与建设 , 1992(3):60-62.
[133] 谢纪刚 , 张金鑫 . 中央企业并购重组报告（2010）[M]. 北京 : 中国经济出版社 , 2010:99.
[134] 谢鲁江 . 混合所有制经济：三重意义上的体制平台 [J]. 人民论坛·学术前沿 , 2014(3):45-46.
[135] 谢志华 . 出资者财务论 [J]. 会计研究 , 1997(5):77-79.
[136] 谢志华 . 国有资本预算经营与管理前沿理论研究 [M]. 北京 : 经济科学出版社 , 2011:241-242.
[137] 辛迪诚. 中国国有企业改革编年史（1978－2005）[M]. 北京: 中国工人出版社, 2011:109-110.
[138] 徐宝君, 陈胜华, 陈建光. 新加坡淡马锡公司董事会运作模式研究[J]. 会计师, 2007(11):65-68.
[139] 徐建荣 . “淡马锡模式”对改进我国国有企业董事会治理的启示 [J]. 发展 , 2009(6):45.
[140] 严汉平 , 焦少飞 , 白永秀 . 我国国有经济战略调整绩效评价指标体系研究 [J]. 福建论坛（人文社会科学版）, 2008(2):5-11.
[141] 杨灿明 . 产权特点与产业定位 [J]. 经济研究 , 2001(9):34-38.
[142] 杨瑞龙 , 张宇 , 韩小明 , 等 . 国有企业的分类改革战略（续）[J]. 教学与研究 , 1998(3):45-47.
[143] 杨长辉 , 周永生 , 凌四立 . 国有企业资本运营理论体系结构 [J]. 商业研究 , 2003(6):91-95.
[144] 姚洋 . 非国有经济成分对我国工业企业技术效率的影响 [J]. 经济研究 , 1998(12

):58-63.
[145] 姚颖.私募股权投资中的企业估值方法研究[D].南京:南京大学,2013.
[146] 银温泉．国有企业改革三种基本思路的理论分析 [J]. 经济研究，1993(9):36.
[147] 于克信.国有企业改革过程中的管理重组研究[D].上海:复旦大学,2004.
[148] 余永定，张宇燕，郑秉文．西方经济学 [M]. 北京：经济科学出版社，2002:301-320.
[149] 禹久泓．中国私募股权投资决策与绩效研究 [D]. 上海：华东师范大学，2011.
[150] 袁定金.国有资本运营中的激励与约束问题研究[D].成都:西南财经大学,2003.
[151] 袁晓玲，李政大，白天元．EVA 考核与国有资本调整的制度冲突 [J]. 审计与经济研究，2013(1):22-25.
[152] 张川,潘飞.业绩评价指标在我国企业中的采用现状与启示[J].经济与管理研究,2007(12):98-100.
[153] 张川．国企改革与业绩评价在我国的发展 [J]. 新会计，2009(3):11-16.
[154] 张代重．国有资本营运 [M]. 北京：清华大学出版社，1998:169-170.
[155] 张凤林．西方资本理论的发展与演变 [J]. 中国社会科学，1995(2):77-80.
[156] 张冀湘．论国有股权管理 [J]. 经济研究，1993(2):65-72.
[157] 张剑峰.影响国有企业绩效的理论及实证研究[D].长春:吉林大学,2011.
[158] 张军扩,吕薇,熊贤良.国有经济战略性改组的方向[M]//国有经济的战略性改组.北京:中国发展出版社,1998:66-72.
[159] 张军扩．关于国有企业改革的几点思考 [J]. 经济研究，1994(10):22-25.
[160] 张蕊．企业经营战略业绩评价指标体系研究 [M]. 北京：中国财政经济出版社，2002:212.
[161] 张蕊．循环经济下的企业战略经营业绩评价问题研究 [J]. 会计研究，2007(10):17-20.
[162] 张善．论淡马锡模式对国有投资公司的借鉴 [J]. 时代经贸，2007(1):86-88.
[163] 张士磊．中国创业投资公司绩效评价体系研究 [D]. 北京：财政部财政科学研究所，2013.
[164] 张淑敏．国有企业分类改革的目标模式探讨 [J]. 财经问题研究，2000(8):41.
[165] 张舒．国有资本经营预算支出绩效评价指标体系及权重研究 [J]. 学术论坛，2013(9):62-64.
[166] 张婷，孔玉生，宋文阁．国有资本经营预算支出绩效评价研究 [J]. 财会月刊，2009(3):69-70.
[167] 张婷．我国国有资本经营预算支出管理绩效评价研究 [D]. 南京：江苏大学，2008.
[168] 邓靖．海外经验对中国国企改革的启发 [J]. 瞭望中国，2013(12):81-82.
[169] 张维迎．企业理论与中国企业改革 [M]. 北京：北京大学出版社，1999:22-30.
[170] 张占奎，王熙，刘戒骄．新加坡淡马锡的治理及其启示 [J]. 经济管

理，2007(2):19.
[171] 张政军．推进国有企业分类管理可借鉴国际经验 [J]. 国企党建，2013(6):56.
[172] 张志元，雷颋．分级行使产权体制下国有资本运营与管理模式选择 [J]. 国有资产管理，2004(8):98-99.
[173] 张仲秋．分类进行国有企业改革 [J]. 党政干部学刊，1998(7):65-67.
[174] 张卓元．混合所有制经济是基本经济制度的重要实现形式 [N]. 经济日报，2013-11-22(6).
[175] 张卓元，郑海航．中国国有企业改革 30 年回顾与展望 [M]. 北京：人民出版社，2008:571-575.
[176] 张卓元．深化国企改革发展混合所有制 [J]. 中国科技产业，2003(12):98-100.
[177] 张卓元．中国经济体制改革的总体回顾与展望 [J]. 经济研究，1998(3):12-20.
[178] 章雁．高新技术企业估值方法研究评述 [J]. 生产力研究，2011(7):101.
[179] 仉建涛，何立胜，管仁勤．混合所有制与国有企业改革 [M]. 北京：经济科学出版社，1999:290-300.
[180] 赵炳贤．资本运营论 [M]. 北京：企业管理出版社，1997:430-431.
[181] 赵纯祥，丁振辉．国有股相对控股的公司治理结构分析 [J]. 北方经贸，2005(1):191-192.
[182] 郑健钳．构建国有企业和民营企业公平竞争的市场经济 [J]. 现代经济信息，2014(5):26-30.
[183] 钟文．国有资本经营绩效评价研究 [D]. 成都：西南财经大学，2011.
[184] 周其仁．公有企业的性质 [J]. 经济研究，2000(11):71-73.
[185] 周叔莲．二十年来中国国有企业改革的回顾与展望 [J]. 中国社会科学，1998(6):56-60.
[186] 周天勇，张弥．国有企业改革攻坚 [M]. 北京：中国水利水电出版社，2005:16-23.
[187] 周天勇，现代国有资产管理新模式 [M]. 北京：中国财政经济出版社，2003:590-620.
[188] 周扬. 基于EVA的国有企业绩效评研究——以中国神华能源股份有限公司为例[D]. 北京:财政部财政科学研究所, 2013.
[189] 朱志刚，张翼湘．控股公司组织与管理——模式比较与案例分析 [M]. 中国社会科学出版社，1994:339-341.
[190] 祝和良．中央企业经济运行报告（2012）[M]. 北京：中国经济出版社，2013:99.
[191] 庄媛．综合收益官下非金融类中央企业绩效评价体系的改进 [D]. 北京：财政部财政科学研究所，2013.
[192] 邹东涛．马克思关于资本的具体形式理论与社会主义商品经济 [C]// 中国《资本论》第 11 次学术年会论文集．[出版者不详], 2007:333-335.
[193] 睢国余等．中国国有经济效益分析 [M]. 北京：中国经济出版社，2013: 91-93.

[194] 黄少安．国有资产概论 [M]．北京：经济科学出版社，2000:361-365.
[195] 周天勇．现代国有资产管理新模式 [M]．北京：中国财政经济出版社，2003:76-90.
[196] 刘玉平．国有资产管理 [M]．北京：中国人民大学出版社，2008:520-523.
[197] 任远．外国国有资产管理 [M]．北京：中国财政经济出版社，1990:5-10.
[198] 齐艺莹．国有资本效率论 [M]．北京：经济科学出版社，2005:421-428.
[199] 曲卫彬．国有股权管理与运营 [M]．北京：清华大学出版社，2005:191-196.
[200] 王鸿．国有资产管理体制构建 [M]．北京：人民出版社，2007:46-49.
[201] 陈明森，林述舜．中国资本运营问题报告 [M]．北京：中国发展出版社，2003:9-14.
[202] 李松森．中央与地方国有资产产权关系研究 [M]．北京：人民出版社，2006:90-112.
[203] 杨秋宝．中国企业发展与改革 [M]．北京：中共中央党校出版社，2006:76-78.
[204] 张先治．国有资本管理、监督与营运机制研究 [M]．北京：中国财政经济出版社，2001:220-223.
[205] 杨润华．中国国有资产管理发展简史 [M]．北京：经济科学出版社，1996:81-87.
[206] 王瑞璞，张占斌．中国民营经济发展与企业家社会责任 [M]．北京：人民出版社，2006:443-445.
[207] 严汉平．国有经济逻辑边界及战略调整 [M]．北京：中国经济出版社，2007:601-605.
[208] 何加明．国有资本营运新论 [M]．成都：西南财经大学出版社，2006:43-50.
[209] 张燕喜，石霞．资本论与中国经济理论热点 [M]．北京：中共中央党校出版社，1999:216-218.
[210] 吴学渊，王文涵．国有资本营运与监管 [M]．北京：中国经济出版社，1999:291-292.
[211] 张冀湘．国有资产管理体制改革研究 [M]．北京：中国财政经济出版社，1990:339-345.
[212] 魏杰．构建新的国有资产管理体制 [M]．南京：江苏人民出版社，1998:90-96.
[213] 宁向东．国有资本管理与公司治理 [M]．北京：企业管理出版社，2003:117-130.
[214] 曹钢，王中新，中国国有资产管理体制改革构想 [M]．北京：经济科学出版社，2001:158-160.
[215] 保罗·W. 麦卡沃伊，艾拉·M. 米尔斯坦．公司治理的循环性危机 [M]．赵领．译，北京：北京大学出版社，2006.
[216] 温特．企业的性质 [M]．姚海鑫，邢源源．译，北京：商务印书馆，2010.
[217] 滋维·博迪，亚历克斯·凯恩，艾伦·J. 马库斯．投资学（原书第 9 版）[M]．汪昌云，张永翼．译，北京：机械工业出版社，2013.
[218] R.K. 米代勒．世界各国的公营企业 [M]．大连：东北财经大学出版社，1991.
[219] 亨利·帕里斯．西欧国有企业管理 [M]．大连：东北财经大学出版社，1991.

[220] 托马斯·曼．英国得自对外贸易的财富 [M]．北京：商务印书馆，1965.
[221] Lin Justin Y. F. , Fang Cai and Zhou Li. Competition, Policy Burdens, and State-owned Enterprise Reform[J]. American Economic Review, 1998, 88(2): 169-170.
[222] Zhang Weiying. Decision Rights, Residual Claim and Performance: A Theory of How the Chinese State Enterprise Reform Works[J]. China Economic Review, 1997, 8(1): 60-65.
[223] Zheng Jinghai, Xiaoxuan Liu, Arne Bigsten. Ownership Structure and Determinants of Technical Efficiency[J]. Journal of Comparative Economics, 1998, 26(3): 12-20.
[224] Caputo, Michael Ralph. Foundations of dynamic economic analysis[M]. New York: Cambridge University Press, 2005.
[225] Kuznets, Simon. Economic Growth of Nation: Total Output and Production Structure[M]. Cambridge: Harvard University Press, 1971.
[226] Lewellen. The ownership Income of Mangement[M]. New York: Columbia University Press, 1988.
[227] Bishop M, Key J. Privatization and Economic Performance[M]. New York: Oxford University Press, 1994.